笑育ドリル

“育てる”を
もっと楽しく・
おもしろく

百瀬和夫 著

晃洋書房

はじめに◆笑育ドリルに寄せて

笑育とは

この原稿を書いている間にも、「F県のある中学校で教師の身震いするような恫喝によって、中学生が自殺に追い込まれた」とのニュースが流れています。

「指導死」という言葉も使われているようですが、これは明らかに暴力であり、生徒を罵倒したり、大声で恫喝したりするような行為は、決して「指導」ではありません。

「指導」とは本来、目標や目当てを指し示し、導いていくことであり、相手の目線で寄り添う姿勢でこそ成り立つものであって、罵倒したり恫喝したりする行為を「指導」と呼んではなりません。

これまでも日本の教育現場は、「いじめ」や「体罰」などの事案で、未来ある子どもたちの命を失ってきています。

子どもたちを力でねじ伏せて言う事を聞かせられる教師の指導力が高いという、誤った考えやイメージが未だに学校現場で幅を利かせていることが、残念でなりません。激しい言動で一生懸命に指導する教師は、一面では人としてのエネルギーが高く、熱心な先生であろうかとも思います。

しかし、その高いエネルギーが叱責することや叱咤することだけに向くような、未熟な指導力しかなかったとしたら、「安全」で「安心」な場であるはずの学校や学級は、子どもたちにとってどれほど危険な場になってしまうでしょうか。

さて私はこの数年、年間五十校を超える各地の小学校や中学校、保育所・こども園・幼稚園などに出向き、子ども理解を通した学級経営や授業づくり生徒指導などの研修や講演をさせていただいています。

その中で、先生方にもっと**『笑育（しょういく）』**を進めませんかとお薦めしています（『笑育』とは私がつくった「造語」です）。

『笑育』とは、子どもたちの成長に関わる私たち自身が「できる限り、**自分らしい『笑顔』や『微笑み』で明るく楽しく日々を生きていくこと**」ただこれだけです。

子どもたちやあなたの周りの人たちがあなたのことを思い浮かべたとき、それがあなたの素敵な『笑顔』や『微笑み』であるような、そんな生き方をしてみませんかということです。

こんなことを言うと、子どもたちを怒ることや叱ることを指導だと勘違いしている方々からは、「子どもを甘やかしてどうするんだ」「子どもは厳しく躾をしなくては……」などの声が聞こえてきそうです。

確かに、学校で日々多くの子どもたちと関わっていると、本気で叱らなければならない場面もあるでしょう。

しかしながらそれは、「命」に関わること、「人権（いじめ）」に関わることなど、本当に人間としてしてはならない過ちがあった時くらいではないでしょうか。

過日、教育実習の訪問先のある小学校の校長室で、実習生の指導をしている時、校長室前の廊下で、もの凄い剣幕で子どもを叱る声が聞こえてきました。

「何度言ったらわかるの～！　何で廊下を走るの～！　あなた、6年生でしょ！……」

ベテランの女性の先生のようでした。

怒声を聞かされているこちらも気分が悪いですし、なぜ廊下を走っただけで、そこまで怒鳴る必要があるのか？　怒鳴られている方の子どもの気持ちを少しでも考えたことがあるのだろうか？　と不思議でなりません。

学校内の安全のためにというのはわかります。でもそうであれば、「6年生のあなたが廊下を走っていてね、もし1年生とでもぶつかったら危ないよ」と、丁寧に説明すればよいことであって、ここまで激しく大声で怒鳴られることではないはずです。

子どもたちへの言葉遣いの基準

では、さっそく最初の問いです。

Q. 子どもたちへの言葉遣いの目安となるシチュエーションは、どのように設定すれば良いと思いますか？【　　】の中に適切な言葉を入れましょう。
○ **その子どもの【　　　】がニコニコと子どもの後ろに立って居られるとき、その同じ言葉を同じ言い方で言えるか?!**
その まま言えるならば、その言葉、言い方で子どもたちを傷つけることはない。

このベテランの先生も、平素はもっと穏やかなのかもしれません。

では、なぜこのようになってしまうのか?!　どうすれば、自己コントロールを失わずに自分らしい指導・支援が可能になるのでしょう。

本書では、様々な現場での事例や先生方からの質問などを取り上げました。

そして、それらの「問い」に対して、私の回答を見る前に、必ず一度自分の頭で自分の回答をつくってみましょう。

「自分ならどうするだろう」と、自分が主体となって考えることで、様々な場面に応用できることが増えてくるはずです。

さて、子どもたちも私たちも、すべての人が違ったストーリーでそれぞれの人生を生きています。

ですから、すべてはアドリブ的に対処できなければ一つのやり方や言葉で、どうにかなると思う方がおかしいのです。

そのため、事例や質問に対する一つの提案であって、あくまで回答であり、解答ではありません。実際の場面では、いつも都合よく、事例の回答と同じようにはならないでしょう。

しかし、大切なのは汎用力です。臨機応変に対応する柔らかな強かな力を鍛えていくことです。

それでは、子どもたちが伸び伸びと過ごせる「安全・安心」な学級づくりができる本物の指導・支援の力を身につけるために、ご一緒に考えていきましょう。

[Q.の回答]

「保護者」です。

学級には常に問題が発生します（人が集まる組織というものは、そういうものです）。冷静にと思っていても、時に心が乱されることがあるかもしれません。

その子どもの保護者が「ニコニコと後ろに立って居られる」というシチュエーションで、その同じ言葉、同じ言葉遣いでその子どもに言えるのなら、おそらくその言葉で目の前の子どもたちを傷つけてしまうようなことはないでしょう。

シンプルですが、このような基準を持っておくと、自分の表情や言葉のコントロールが違ってきます。

笑育ドリル◆目　次

第3章　子ども理解からユニバーサルデザイン教育へ――71

第1章

学年当初の学級づくりを もっと楽しく

「学級づくりはボチボチやったらいいよ」などと言う、優しい（?）言葉に甘えると、その一年は大変なことになります。

4月当初の学級づくりほど、大切な時期はありません。

そこで、ここでは4月当初の学級づくりに焦点を当てて、様々な問題について考えていきましょう。

学級経営の方針づくり

Q.1 （　）年生の担任になりました。4月始業式の後、クラス分けを終えて、子どもたちを引率して教室に移動し、子どもたちが席につきました。
子どもたちが担任のあなたを見つめています。学級の担任（責任者）としての「方針」を次のひな型に合わせて子どもたちに示しましょう。

○　先生が、クラスをつくっていく上で、みんなと一緒に大切にしたいことを（　　）つ言います。

一つ：

二つ：

三つ：

＊数は自由ですが、多すぎるとそもそも覚えられません。今回は三つまでにしましょう。

【Q.1　回答】

どのような、「方針」をつくりましたか？

その学校の学校目標や学年目標などを考慮することもありますが、学級の「方針」の内容は基本的に、あなたの自由です。

あなたが担任するあなたの学級ですから……逆に考えればそれ程、責任は重いのです。

では、なぜ「方針」を立てなければならないのでしょうか？

「学級経営」という言葉があります。

「経営する」ということは、「経営者」になったということです。

大げさに思うかもしれませんが、世間一般で言えば、いきなり「社長」になったということに他なりません。

実は、「方針」の無い、経営はありません。

どんな小さな商店でも、「社長」になった限りは、○○な品物を売ってお客様に喜んでもらうとか、日本一の○○ラーメンを提供するとか、必ず「方針」を示せなければ、時を待たずに倒産します。

そして、人の集団は、混とんとする方向に向かう性質があります。

特に、まだ幼く未熟な子どもたちに、「好きにやっていいよ」「適当にやっていいよ」などとやってしまったら、学級という集団はめちゃくちゃになります。

「人は人中（ひとなか）、木は木中（きなか）」というように、**「子どもは子どもの中で育**

つ」のですから、子どもたちにとって、「安全」で「安心」な良い学級をつくるということは、担任としての最大の「使命」です。

つまり、ここで言う「方針」とは、学級会で子どもたちと一緒につくる「学級の目当て」とは、異なるものだと考えてください。

学級のただ一人の大人である担任（責任者）として、どのようなクラスにするのかを、最初に明確に子どもたちに示す必要があるのです。

次に、なぜ**最初に**きちんと「方針」を示すのでしょう？

「黄金の三日間」という言葉があります。

「**初頭効果**」の効く三日間と言い換えても良いでしょう。

持ち上がりの学年でもなければ、子どもたちもあなたもお互いにあまり知らない間柄であるはずです。

それが、たった今担任と教え子の関係になったのですから、まだ「他人行儀」な関係です。

つまりお互いに「甘えが無い」「甘えにくい」関係ということです。

「初頭効果」が効いているこの「甘えが無い」「甘えにくい」関係のときに、明確に「方針」を示しておくと「先生はそういう人なんですね」と相手は受け入れやすいのです。

同様に、「方針」を示すこちらも、相手に遠慮なく示しやすい。

それを、後からゆっくりなどと悠長に構えていたら、お互いの関係性が出来上がってからでは、手遅れになってしまうのです。

ここで、「問い」を立てて、その「方針」そのものを点検してみましょう。

> **Q.1①** その「方針」は、あなたが心の底から大切に感じていることですか？

なんとなくでは、必ずブレます（担任としての信頼を失います）。

口先だけでは、「先生、それ程大切には思っていないな!?」と、必ず子どもに見破られます。

普段から、自分が生きる上で大事にしていることを、素直に表現する方が、きっと上手くいく確率は高いと思います。

> **Q.1②** その「方針」は、目の前の子どもたちに理解できますか？

当たり前のようですが、その学年の子どもたちに理解ができる「言葉」で示せているのかは、重要です。

言葉は美しくても、「意味がわからない」では、本当に「意味が無い」ことになります。

Q.1③　その「方針」は、あなたが確実に実行できますか？

どれほど素晴らしい「方針」であっても、抽象的過ぎたり、高尚すぎたりして行動として伴うことが難しいとただの絵に描いた餅になりかねません。

自分ができるということを、明確にイメージしてみてください。

Q.1④　その「方針」は、子どもたちにも実行できますか？

Q.③と同様です。子どもたちの発達段階に応じた適正な「方針」でなれば、その「方針」があるがために、逆に毎日子どもたちが担任のあなたから叱られるとしたら、そのようなものは、無い方が良いのです。

学級経営方針の子どもたちへの示し方

ではさらに、「方針」の示し方を点検してみましょう。

Q.2 その「方針」を子どもたちに説明するとき、気を付けることは何ですか？
○ 三つ考えてみましょう。
○ その理由も合わせて考えましょう。

☆自分の回答&理由：

【Q.2　回答】

一つ目は、その「方針」を子どもたちに話しかけるとき、あなたはどのような「表情」をしていますか？

子どもたちはきっと、新しい担任の先生であるあなたに期待して、キラキラした眼であなたを見ています。

いよいよ、学級づくりがスタートするのです。その、第一声です。

もし、あなたが初任者であれば、相当緊張すると思います。顔が引きつっているかもしれませんが、ここはまさに、**「作り笑顔と空元気」**です。

例え心臓バクバクでも、生まれてこの方、したことがないような落ち着いた穏やかな「笑顔」を作って話し始めましょう。

二つ目は、その「方針」は**見えていますか**？

黒板に書いても良いですし、画用紙に書いても良いですから、必ず見える形で示しましょう。

視覚から情報を得ている子どもたちの方が多いですから、聴いただけで、覚えられることはまずありません。

もし、画用紙に書いたのなら、必ず教室の後方か廊下側に貼っておきます。示した方針を率先して守り続けなければならないのは、他ならぬ担任の先生ですから。

三つ目は、書いたら**読む**という指導ができますか?

黒板や画用紙に方針を書いたのであれば、それを子どもたちと一緒に読みましょう。読めない子どももいるかもしれませんし、子どもたちの中には、耳からの「聴覚情報」の方が入り易い子どももいるのです。

集団のダイナミズムを使って、みんなで声に出して読みましょう。

その時、「このクラスの人たちはステキな声です」「立派に読めたね」などと、褒めることを忘れずに。

出席のとり方

Q.3 「方針」表明と前後するかもしれませんが、次の点についても考えましょう。

①最初に出席をとりますが、事前に子どもたちの名前を覚えますか？
②出席をとる時に、子どもたちにどんな言葉をかけますか？　次の（　　）の中に、適切な言葉を考えて入れましょう。
「今から、出席をとります。（　　　　）声で返事をしてください。」

【Q.3　回答】

①について、できる限り子どもたちの名前を覚えるように努力しましょう。若い皆さんは、記憶力が衰えていないので大丈夫ですよね。

出席簿を見ないで、先生から、諳《そら》で名前を呼ばれた子どもたちは、「もう先生は、自分の名前を覚えてくれているんだ」ととっても喜びます。

始業式の後は、子どもたちは基本的に出席番号順に並んでいるので、出席番号順に名前を覚えることでＯＫ！です。

どうしても顔と名前を一致させたいならば、前学年の写真を見せてもらいます。顔写真と一緒の方が、名前を覚えやすいでしょう。

ぜひ、トライしてみてください。

次に、②についてはいかがでしょうか。どんな言葉を入れましたか？

「元気な」や「大きな」「はっきりとした」等々、色々な言葉を入れることができます。

私が好んで使っていたのは、**「今日の元気がわかる声」**です。

「元気な」や「大きな」などでは、声の小さい子どもや大人しい子どもにとって、「声が小さい！」「もっと、元気よく！」などと言われるのではないかと、不要なプレッシャーがかかります。

「今日の元気がわかる声」であれば、少々小さな声で子どもが返事をしても「あらら、初めてだから緊張してる？」などと声をかけることができます。

大切なことは、初めての子どもたちと上手にコミュニケーションをとることで、最初から怖がらせてコントロールすることでは、決してありません。

笑育コラム

「教師としてやっていく自信」

卒業の間近になると、教員として巣立っていく学生から「教師としてやっていく自信がありません」と相談をされることがあります。

教師としてやっていく自信なんて、本来あるほうが危ないですし、おかしいのです。

なぜなら、人間はやったことの無いことに関しては、当初は「失敗するもの」だからです。

大学を卒業していく現役合格して新卒採用されて学生も、臨時講師として教師の道を歩み始める学生も、誰一人として学級経営の経験はありません。

誰もが経験する教育実習は、概ね力のある担任の先生のクラスに入れていただいて、ゲストとして4週間学ぶのであって、自分でつくった学級ではないのです。

初めて自分で一からクラスを創るのですから、上手くいかないことがあるのが当たり前です。

失敗して失敗してそこから学ぶからこそ、力が培われます。

強いて「自信」と言うならば、

「子どもたちや保護者にとって、素敵な教師になるために、失敗にめげることなく、**日々成長していく自信**はあります。」

こちらの方ではないでしょうか。

最初は何を尋ねたらいいのかさえ分からないくらい、分からないことだらけです。

それでも、先輩に尋ねて、教えてもらって、失敗して、改善して「ありがとうございます」を言いながら、こんな頼りない自分に付いてきてくれる子どもたちにも、やっぱり「ありがとう」と心で手を合わせながら、一歩一歩自分の歩幅で前進すれば良いのです。

今どれだけ力があるかではありません。

授業力も生徒指導の力も教師として初めての人間にある筈がないのです。

教師になると、子どもたちに対してがんばれと背中を押さなければならないこともあります。

小さな一歩でも、努力を続けている限り、教師の仕事を続けていく資格はあるものだと思います。

配布物の配り方と「丁寧さの指導」

Q.4　始業式の日は、学校だよりや保健室だよりなどたくさんの配布物があります。一番前の子どもにその列の数だけプリントを渡して、後ろに送っていくことが多いのですがその時、子どもたちにどのような指導をしますか？
プリントの配布の仕方について、考えを書きましょう。
なぜ、そのようにするのか、理由も考えましょう。

☆自分の回答＆理由：

【Q.4　回答】

前の子どもたちから後ろの子どもたちにプリントを渡すとき、必ず後ろの友達を見ながら、**「はいどうぞ」**と言ってプリントを渡すようにします。

受け取った後ろの友達は、前の友達を見て必ず**「ありがとう」**と言いながら、受け取ります。

これを、一番最初のプリントを渡すときに、指導します。

一つの列をモデルにやってもらいます。そのモデルの列にやってもらいながら、「丁寧でいいね」「優しいね」などと必ず褒めます。

それでは、他の列もやってみようか？　と続いて配布してもらいます。その時も、「今年のクラスはうまい」「上手です」などと、当然褒めます。

なぜ、このようなことをするのでしょうか？

最も大切なことは「安全」の確保です。衝動性が高く、後ろの友達のことを見ないでついつい乱暴にプリントを渡す子どもがいます。

座っている状態なので、目にプリントが当たると非常に危険です。

2枚目ではダメなのです。1枚目の時は、先生何も言わなかったではないかと、早くも甘えが出てくるからです（これも初頭効果の一つです）。
このような指導を、**「丁寧さの指導」**と言います。
この「丁寧さの指導」も、学級づくりの基本の一つです。

学習面での「丁寧さの指導」

学習面でも、丁寧さを徹底していきます。
では、この「丁寧さの指導」でもう一つ質問です。

> **Q.5** たくさんのプリントの配布が終わって、「連絡帳」を書きます。
> ここで、連絡帳を丁寧に書くように指導したいと思います。
> どのように、指導しますか？　自分の考えを書きましょう。

☆自分の回答：

【Q.5　回答】

いかがでしょうか。よいアイデアが浮かびましたか？

先生は、字をきれいに書きなさいとは言いません。「丁寧に書くこと」を大切にします（プリントの配布と同じです）。

例えば、

今から、先生も黒板に連絡を丁寧に書きます。

最初に、3行書きますから、写さずに見ていてください。

どうですか？　先生も丁寧に書きました。

では、みんなにも丁寧に連絡帳を書いてもらいます。

先生がチェックします。

最初の1行（1フレーズでもよい）書けたら、先生のところに持ってきなさい。

持って来た連絡帳の文字が丁寧であれば、「いいね！」「よし！」と○などを付けます。

丁寧でないと判断したら、「これは、丁寧ではないと思う。やり直し」と勇気を持って明るい表情でニッコリと×を付けます。

コツはたくさん書かせないことです。

3行も5行も書いてからやり直しをさせられたら、誰でもムッとします。

丁寧に書いてきたら、「ほら、やれるじゃないかぁ」と喜んで◎（にじゅうまる）を付けます（やり直した分の○を増やします）。

これを2日目にやろうとするとどうなるでしょう。

昨日、初日に書いた乱雑な文字の連絡事項が目に入ります。

「先生、昨日は何にも言わなかったじゃないか！」となるのです。

この初日の丁寧さは後々効いてきます。

学習面でも継続的に「丁寧さ」を大切にして指導していきますが、算数にしても、国語にしても子どもたちは必ず、手抜きをしてきます。

「Mさん。これ本当に丁寧に書いたかい？」と尋ねたら
「先生、ちゃんと丁寧に書いたよ！」と言います。

「わかった、それなら連絡帳を持って来なさい」と持って来させて、初日の文字と比較するだけでよいのです。

「やっぱり～。ほらほら～こんなに丁寧に書けてるじゃないか。はい、やり直し」

と明るく使います。

子どもたちが学校から帰るときには

それでは、この章の最後に、もう一つ質問します。

Q.6　連絡帳も書き終えて、初日の指導もいよいよ最後、学校から帰る時間になりました。

子どもたちを学校から帰らせる時、どんなことに気をつけますか？

自分の考えを書きましょう。

☆自分の回答&理由：

【Q.6　回答】

まず、「安全指導」は言うまでもないことです。

ここでは、「学級づくり」の視点から考えます。

始業式を終えた子どもたちが、家に到着して玄関のドアを開けたとき、もしそこに保護者が居たら、保護者は子どもたちに何と声をかけるか想像してみましょう。

普通に学校へ関心を持っている保護者であれば、「どうだった？　先生だれ？」ですよね。

保護者が知っておられる先生であれば、過去の印象からの反応があるでしょう。できれば、「良かったね」と反応していただけるような仕事をしていたいですね。知らない名前の先生であれば、「どんな人？　男？　女？　歳は？　どんな感じ？」と、矢継ぎ早に子どもたちに質問するかもしれません。

もし、玄関を開けた時の子どもたちの表情が暗かったとしたら……ちょっと想像しただけでも初日から大きなハンデを背負って学級づくりをしなければなりません。

こんなことは、絶対に避けたい。

そのために、本来初日だけでなく毎日、学校からは**『何が何でも笑顔で帰す！』**ことが大切です（詳細は、「終わりの会」の持ち方のところで後述します）。

じゃんけんゲームをしたり、笑顔で握手をしたりして、とにかく何が何でも子どもたちが「笑顔」で帰宅できるように心がけましょう。

笑育コラム

「タイムマネジメント」

学年当初、「黄金の三日間」と言われる時に、指導しておきたい微細な点はまだまだあるのですが、今回上げた点だけでも、実際に指導・支援しようとすると大変だと思います。

特に、始業式後という僅かな時間の間に指導・支援する内容を、逆算してタイムマネジメントする力が必要になります。

この力は、運動会や音楽会、卒業式など大きな行事に無理なく取り組むために非常に大切な力の一つです。

しかしこれは、未経験の若い先生方にとっては、至難の業であることでしょう。

それでも、決してマンネリ化せず、失敗を糧に毎年工夫を加えていきましょう。

指導技術は、急に上がることはありませんが、向上心というベクトルを上に向け、顔晴っていきましょう。「顔晴る」とは、頑張るのではなくにこやかに晴れ晴れと「笑顔」で過ごすことです。

「若い人は、1年を過大評価し、10年を過少評価しがちである」と言われますが、10年の年月とは凄いものです。

僅かなベクトルの向きの差が、大差になっていきます。

これも、大切な「タイムマネジメント」です。

人は必ず、成長していきます。

頑張るのではなく顔晴るのです。

つまり、我を張るのではなく、自分の機嫌を自分でとるように心掛けましょう。

第2章

学級の仕組みを
もっとおもしろく

学級づくりにおいて、学級での平素の活動を甘く見てはなりません。毎日のことですから、その仕組みや質が学級の空気感を左右することさえあります。

ここでは、当番活動や係活動など、どこの学級にもある学級を支えている普段の活動についても考えていきましょう。

「当番活動」とは

Q.1

① 学級には、どのような「当番活動」がありますか？ 思い出して書き出しましょう。

☆自分の回答：

② 学級には、どのような「係活動」がありますか？

☆自分の回答：

③ それでは、「当番活動」と「係活動」の違いとは何でしょうか？

☆自分の回答：

【Q.1　回答】

当番活動では、日直当番、給食当番、清掃当番等々思い出すことができましたか。係活動は、どうでしょう。

「配り係」「お助け係」「生き物係」「窓係」「テレビ係」「お楽しみ係」「お誕生日係」「盛り上げ係」等々、本当に様々な係が出てきます。

先生方の創意工夫の結果だと思うのですが……この係は日直当番の仕事ではないの？　この係は一体何をするのかな？　などと当番活動と係活動との区別が明確ではないように思われます。

「当番活動」とは、学級と言う集団で生活していく上で、必要な仕事をみんなで分担してやっていくものです。

したがって、「当番活動」には、『責任と義務』が伴います。

当番の仕事は、学級のみんなのために、役割分担するものなので、「私は教室を汚さないので掃除はしません。」「今日は、給食を食べたくないので、給食当番はしません。」とはいかないのです。

つまり、当番活動は、すべての子どもたちに必ず「一人一役」分担され、その活動を通してクラスみんなに貢献をすることを言います。

笑育コラム

『ありがとう』と言いたい

当番活動は、『責任と義務』そして『分担』が伴うので、その役割を果たせないと子どもたちは、叱られることが多くなりがちです。

分担された義務や責任を果たせない場合、「ちゃんとしなさい」と叱られる訳です。

しかし、本来当番活動とは、その活動を通して、その子どもがクラスに貢献できたことに対して「ありがとう」「お疲れ様」を言うためにあります。

分担された義務を果たしたのですから、些細なことにも教師が「ありがとう」「お疲れ様」の言葉かけを忘れないようにしましょう。

かつて、6年生の担任をしている時、後輩の先生から尋ねられたことがあります。

「先生、何でTくんがテレビ当番なんですか?」

「どういう意味かな?」

「いやぁ。あんなにしっかりしている子が何か不思議で……」

この後輩の先生は、昨年5年生の時のTくんの担任でしたから、しっかりしているTくんがなんだか軽い当番の仕事をしているように見えて、不思議だったのでしょう。

「あのね。Tくんは私学受験で忙しくて、今は自分のことで精一杯。彼もクラスの仲間なのに、クラスに貢献できる機会がほとんどない状態なんだ。」

「それに、あんまりしんどい仕事だと負担も大きいでしょ。だから、たまにテレビでも見るときに、Tくんがつけてくれる。その時、すかさずTくん『**ありがとう**』**と言いたい**の、それだけ。」

子どもたちは、それぞれの事情を抱えています。

でも、みんなクラスの仲間です。

人は、その集団に貢献できた（自分もこの集団の役に立てた）時、自分にも価値があると、実感します。

「係活動」とは

それでは、「係活動」はどうでしょうか。

こちらは、クラスのみんなが楽しくなるとか、みんなで喜べるとかという形で、クラスに貢献する活動のことを言います。

したがって「係活動」は、子どもたちの『主体性と自主性、創造性』を養っていくための貴重な活動です。

つまり、クラスに貢献できるのであれば、子どもたちが主体的に自分たちで「係活動」を創っていくことが基本です。

どんな係を創設していくかは、子どもたちの自由なのです。

つまり、教師が考える「係活動」が最初にあって、その係を決めていくのは、おかしいことなのです。

「係活動」は、少しずつ子どもたちが主体的に創設していきますから、徐々に出来上ががっていくイメージです。

では、先にあげた「係活動」を点検してみるとどうなるでしょうか。

例えば、「配り係」の活動で、プリントを配るときどのような創造性を発揮するのでしょうか。

「窓係」「テレビ係」などは、窓をしめたりテレビを付けたりするのに、創造性を発揮することはほとんど不可能です。

つまり、このような活動は、「係活動」ではなく「当番活動」なのです。

この違いを知って、学級での活動をつくっていくと、もっともっと楽しくなりますよ。

ちなみに、私の学級では「係」と呼ばずに、会社と呼んでいました。

懐かしい学級通信が残っていますので、紹介します。

（よ ～ い　ど ん ！）

4～1 DON！

[redacted]

[redacted]小学校　４年１組
学 級 通 信 NO. ３２

＜会社営業中！？＞

就職浪人中の男子２名を除いて、一応会社が出揃った。ただ、男子の方の会社は、実際の業績がほとんどない状態である。それも、似たような方向の会社が多いのでここは民活導入と言いたいところだが、共倒れの危険もある。それでも、４月中にはこれだけの会社が設立されたことをまず、評価しなければならない。仕事の内容までは紹介できないけれど、まずは一覧を。

＜会社一覧＞（５月１日現在）

【ゲーム会社】
社長　[redacted]
課長　[redacted]
社員　[redacted]

【新聞まんが会社】
社長（編集長）　[redacted]
社員（副編集長）　[redacted]

【音楽ハッピー】
社長　[redacted]
社員　[redacted]

【アンケートクイズ会社】
社長　[redacted]
社員　[redacted]

【ワイワイ会社】
社長　[redacted]
社員　[redacted]

【遊び会社】
社長　[redacted]
部長　[redacted]
副部長　[redacted]
課長　[redacted]
雇い人（オーナー）　[redacted]

【なんでも会社】
社長　[redacted]
副社長　[redacted]
部長　[redacted]
副部長　[redacted]
係長　[redacted]
社員　[redacted]

この会社の中では、ダントツでワイワイ会社の勢いが良い。すでに２回目のお楽しみ会に向けて動きだしているようだ。しかし、ちょっとストップをかけている。

ファミリーフェスティバルが近付いているからだ。エネルギーのいる行事なので同時進行は難しいからだ。

恐らく、まだまだ会社の方は変動があると思われる。それにしても、世の中の動きのように、女の子たちの動きが良い。女性の起業家が増え、社会での活躍が目立っていると言う。ひょっとして、この子たちの中からそんな人たちが育ったりして…。

なお、役職については適当に決めているらしい。「なんで、家の子が社員なの。」などと目くじらをお立てになりませんように。子供たちには子供たちの世界があります。

さて、就職浪人中の２人のさむらい、起業するか、就職するか、楽しみなところです。

子どもたちが積極的に活動するための三つの条件

Q.2 ある先生から、「うちのクラスの子どもたちは、消極的で係の活動を活発にしません。どうしたら良いでしょうか？」という相談を受けました。自分の考えを書きましょう。

☆自分の回答：

［Q.2　回答］

先に述べたように、係活動は主体性や自主性を学ぶ大切な活動ですから、強制してさせるものではありません。

かと言って、放っておいてできるかというと、多分何もしないで終わってしまいます。

そんな時、三つの質問をします。

「子どもたちの活動は、いつするのですか？（時間）」
「子どもたちの活動は、どこでするのですか？（場所）」
「子どもたちが活動する時は、何をつかうのですか？（用具）」

この三つの条件が揃っていないと、基本的に子どもたちは活動することすら、不可能です。

「いつ」を考えただけでも、授業をつぶすことはできませんから、「朝の会」「終わりの会」の持ち方などと深い関連があります（これは、後述します）。

子どもたちの批判をする前に、まずは「いつ・どこで・なにを」が子どもたちに提供できているだろうかと、冷静に点検してみてください。

笑育コラム

「自主性」と「主体性」について考える

子どもたちに「自主性」や「主体性」を育むことは、大きな課題です。単なる「知識」を持っているだけでは、もはや人口知能にはかなわないことは周知の事実です。

そして、未来は、今後益々AIやインターネットが進歩することより、グローバル化していくことは間違いありませんから、子どもたちがその未来において、より人間らしく主体的に、創造性を発揮できるアクティブな能力を育むことは重要なファクターであることは想像できます。

ところが、日本の学校現場は子どもたちの「自主性」や「主体性」が発揮しにくい仕組みになっています。

細かいカリキュラムと時間割が組まれているので、その流れにそって素直に協調的に取り組んでくれる子どもたちが教師にとって（都合の）良い子どもたちだからです。

給食の時間ですよ「食べたくない～」とか、今は算数の時間ですよ「いやだ！　僕は国語をする」などということになると、「それは我がままだろ！」という事になって、その瞬間先生方は困ってしまうでしょう。

さらに、みんなと合わせられない、みんなと違うことを認めないという心理は「いじめ」の根幹にあるのかもしれません。

見方を変えると、現在の学校の仕組みは子どもたちの「自主性」や「主体性」よりも、「協力性」や「協調性」に依存しています。

うちの学校の子どもたちは、「言われたことはするのですが、自分から主体的にしません。」という悩みを先生方から聞くことがありますが、それは贅沢というものかもしれません。

クラスには、多ければ40人ほどの子どもたちがいるのですから、協力的に座ってくれているだけでも有難いことなのです。

本当に「自主性」や「主体性」を育むというのなら、一人ひとりの課題は違うのですから、「今日学校で何を勉強するのかを子どもたちが自分の責任で決める」くらいの教育観の変更とシステムの改革が必要です。

そのようなことは、政治の問題ですから急に変更されることは無いでしょう。だからこそ、普段の教育活動の中で、子どもたちが主体性や自主性を発揮できる場面を意図して作り出す必要があるのです。

小さなことのように思うかもしれませんが、その一つが、係活動をどのように指導していくかにつながっています。

給食時間のルール

Q.3 給食時間のルールについて考えましょう。

① 食べるときは一斉ですか？

☆自分の回答：

② おかわりの時、どのようなルールですか？

☆自分の回答：

③　給食が苦手な子どもや食べるのが遅い子どもには、どのように指導していますか？

☆自分の回答：

［Q.3　回答］

①の「食べ始めるとき」は、給食当番をしている友だちが片付けを終えて、みんな揃って日直当番さんの合図で一斉に「いただきます」の挨拶をするクラスが多いと思います。

②の「おかわり」は、先生が食缶を持って廻ったり、食缶が班ごとに廻ってきたり、食缶が廻ってきたら僅かでもおかずを入れるなど、できるだけ残食が少なくなるように配慮されていることでしょう。

また、「おかずを食べ終わるまでや一定の時間まではおかわりはできない」とか、「最初におかずを調整して減らした人はおかわりできない」など、様々な細かいルールを決めているクラスもあるようです。

③の「給食が苦手な子どもに関するルール」ですが

・残すのも自由、時間内で給食はストップ。
・あらかじめ自分で量を調整し、調整したものは絶対に食べる。
・一口、二口だけ食べて、どうしてもダメな時だけ食缶にもどす。
・食べられない時は、「ごめんなさい」と言う。
・遅くなった時は、給食室に謝りに行く。
・その子が食べ終わるまで食べる（休み時間～掃除の時間～5時間目～放課後）。

このように、緩いものから、非常に厳しいものまでこちらも様々なルールがあるようです。

ただ、気をつけておかなければならないのは、「給食」は「食指導（食育）」であるということです。

食事は基本的に、楽しいものであって、苦しい「修行」の場ではありません。

好き嫌いを無くすため、給食の時間を過ぎても、休み時間〜掃除の時間にかけても「給食を食べさせています」とおっしゃる先生が居られるかもしれませんが、それは正しくは「給食をただ見つめさせています」という状態です。

食べているのであれば、さすがに給食は無くなっている筈です。

それに、掃除の時間の埃舞い散る中で、給食を食べさせることは、明らかに「人権侵害」であり、「好き嫌いを無くす」という「躾」のために、「子どもの人権」を侵害することは本末転倒もいいところです。

余りに給食のルールが厳しいと、パンに空洞を開けてそこに苦手なおかずを詰め込んだり、机の下にそっと捨てたり、トイレにこっそり流したりと子どもたちも色々と知恵を絞らなくてはなりません。

それも、「生きる力」の一つかもしれませんが、このような形で身につけさせなくてもよいことでしょう。

また、「困っている子どもたち」の中には、食感覚が特別な子どもたちもいます。

私たちが美味しいと感じても、まるで「砂を食べているようだ」と感じている子どもたちもいます。

社会的な規範やルールを知っていることは教養の一つでもありますから、躾を否定するのではありません。

ルールを厳格にするだけではなく、上手く社会的な規範やルールを身に付けられるように、様々な手だてをとれるようにしたいのです。

小さな「貸し」がクラスに優しさを生む

ちなみに、百瀬学級ではどのようにしていたのか。参考までに示しておきたいと思います。

長年の試行錯誤の結果、以下のようにしていました。

〈百瀬学級の「給食のルール」〉
○「先食べグループ」をつくる。
○「大盛グループ」をつくる。

○「小盛グループ」をつくる。
○その他の人たちは、普段通り。
○ジャンケンになるような、おかずのおかわりは大盛優先
※「大盛グループ」の誰かが、苦手な日を心待ちにして待つ。

これらはすべて、子どもたちの自己申告です。

まず、「先食べグループ」とは、食べるのが遅い方なので、先に一人で「いただきます」をして食べ始める子どもたちのことです（勿論、給食当番の時は、先に食べることはできません）。

一人で「いただきます」をして、面倒かもしれないけれど、後でみんなで一斉に「いただきます」をする時も、一緒に挨拶をします（みんなで食べているのですから）。

「小盛グループ」は、好きなおかずの時も、苦手なおかずの時も、常に小盛です。

勿論、おかわりできる時は、おかわりしてもＯＫ！

「先食べ」で「小盛」もＯＫ！

「大盛グループ」は、好きなおかずの時も、苦手なおかずの時も、常に大盛です。

そして、「アイスクリーム」などの分けられるおかずが余った時は、「大盛さん、ジャンケンをしなさい。」と言います。

子どもたちから「え〜っ」という声があがることもありますが、「最初から、先生のクラスでは『正直者や普段がんばっている人が損をしないようにします』と言ってありますよ。」と淡々と説明します。

そして、献立表を見ながら、「このおかず、○○くんは食べられないかもしれないなぁ。」と予想し、その日を心待ちにして待ちます。

とうとうその日がやってきました。○○くんを見ていると、やはり大盛のおかずを前にして涙目になっています。すかさず、

「今日は、大盛グループの○○くんは、食べられないみたいです。みんなどうする？　いいよな、いいよいいよ。○○くんすぐにおかずは食缶にもどしましょ。人間にはできない時もあるもんなぁ。」

ここまで、一気に話します。間を空けてはいけません。

なぜなら、真面目な□□くんが手を挙げて
「先生、〇〇くんは大盛グループですから、最後まで食べないといけないと思います。」

と正論を言い出したら大変だからです。

実は、大盛グループになるような子どもたちは、基本的に元気者が多いです。

この元気者たちに、ここで小さな「貸し」をつくるのです。

この小さな「貸し」が、「優しさ」を生むのです。

この時この元気者たちに、無理やり食べさせたら、その後どうなると思いますか?

クラスの他の誰かにできないことがあった時、確実に言われます。

「僕もがんばったんだから、やるべきでしょ!　やらせたら!」

一番の元気者たちに、優しさがなくなっているのです。

この小さな「貸し」があると、クラスの誰かが困った時、彼らはこう言ってくれます。

「先生、いいんじゃないですか。誰にでも苦手なこともあるし……」

「そうか、君たちがそう言ってくれるんなら……」

クラスの優しさって、こういう微細なことから生まれているのではないかと思うのです。

やはり、「微差は大差」です。

以上は、あくまでも私の方法ですから、それぞれで判断し、より良い食指導を進めてください。

笑育コラム

「うちの子どもには『いただきます』を言わせないでほしい」

数年前、給食代を支払っているのだから、「うちの子どもには『いただきます』を言わせないでほしい。」という要望が、保護者から学校にあったと聞きます。寂しいことですが、食材や労働の対価として給食代を払っているのだから「いただきます」は必要無いということなのでしょうか。

「いただきます」の意味とは何でしょう。

まず、我々は一体「何をいただいているのか」を知っておく必要があります。Dr.スランプアラレちゃんに出てくる「がっちゃん」は、お皿でもタイヤでも何でも食べちゃいますが、実は我々人間は、「命あるもの」しか食べられません。

ですから、その「命」に感謝して「いただきます」なのです。

勿論、給食を作ってくれた調理士さんや野菜や肉や魚の生産者やそれらを運んでくれた人たちの努力に感謝することも大切なことなのです。

子どもたちには、このような点に気をつけて、丁寧に説明をしていきましょう。

保護者の方もきっと、理解してくれるものと思います。ただ、食べられない時は、「ごめんなさい」と言うとか、食べるのが遅くなった時は、給食室に謝りに行くなどの、学校側の指導も慎重に考えていかなければならないことだと思います。

「朝の会」

Q.4

① 学級で行う「朝の会」のメニューにはどのようなものがありますか？
　書き出しましょう。

☆自分の回答：

② その「朝の会」の「目的」とは何でしょう？

☆自分の回答：

③「朝の会」で、気を付けておくべきポイントは何でしょう？

☆自分の回答：

【Q.4　回答】

どこの学級でも、毎朝「朝の会」が行われます。

一般的な朝の会の内容は、「朝の挨拶をする」「出席をとる」「朝の連絡をする」「朝の学習をする」などでしょう。

他には、歌を歌ったり、ゲームをしたりするクラスもあるでしょうし、朝の学習では、「読書」をしたり、算数の計算や国語の漢字を学習したり、教師のねらいや子どもたちの実態に合わせて、色々と工夫されていると思います。

では、その「朝の会」の目的とはどのようなことでしょうか？

最大の目的は、子どもたちの心と身体、両面の「健康観察」にあると考えます。

まずは、朝一番にクラスに入った時の全体の「空気感」を読もうと試みます。

人は、「有れども見えず」ですから、最初は分からなくても「今日はどうだろうか？」と毎朝、意識的に視ようとする必要があります。

その後、朝の挨拶や出席をとる時、日直当番が進めている朝の会の様子を観察しながら、一人ひとりの表情や声など健康状態に変化がないか、こちらも意識的に視るように心がけます。

毎日ルーティーン化し、観察を継続していると、「あれ、今日は何かクラス全体に元気がないなぁ」とか「今日は○○さん表情にハリがないなぁ」などとわかるようになります。

この世には、問題や課題の無い集団は無いと言われます。

ということは、何もなくて済んで良かったなぁではなく、ただ問題や課題が見えていないだけかもしれないのです。

つまり、危機が見えていないハザード状態にあるということですから、その危機が見えたらその瞬間にハザードは、リスクに変わります。リスクとして見えたのであれば、マネジメントできるので、具体的な対応・対処をしていけばよいのです。

この日々の努力が、学級の危機管理能力を高めるためのスタートです。

さて、「朝の会」で気を付けておかなければならないポイントの一つは、「内容（メニュー）とやり方（ユースウェア）の明確化」です。

「朝の会」では、「終わりの会」とは違って、担任の先生が居ない時間に、子どもたちだけでスタートされることが多いため、油断ができません。

「朝の会」で何をするかという内容（メニュー）とそのやり方（ユースウェア）がわからないと、子どもたちが混乱する可能性が高いのです。

特に、発達の課題を抱えて困っている子どもたちは、「何をしたらよいのかがわからないこと」が一番困るのです。

このことから、「朝の会」の内容（メニュー）は子どもたちみんなが見てわかる場所に掲示してあることが必要ですし、やり方についてはモデリングやロールプレイなどを取り入れながら、丁寧にわかり易く説明していくことが肝要です。

「終わりの会」

Q.5

① 学級で行う「終わりの会」のメニューにはどのようなものがありますか？書き出しましょう。

☆自分の回答：

② その「終わりの会」の「目的」とは何でしょう？

☆自分の回答：

③「終わりの会」で、気を付けておくべきポイントは何でしょう?

☆自分の回答：

[Q.5　回答]

どこの学級でも、毎日「終わりの会」が行われます。

「終わりの会」では、「帰りの挨拶」「先生からの連絡（連絡帳を書く）」「宿題やノートの返却」「クイズや歌」などの内容が一般的に行われているようです。

その中に、今日あったことの「反省タイム」がありますが、この「反省タイム」がくせ者なのです。

この「反省タイム」は、概ね二つのタイプに分かれます。

A.　今日の嫌だったことを発表して反省する。
B.　今日の良かったこと、MVPやヒーローを発表して振り返る。
Aの場合、「終わりの会」ではこんな感じで進んでいませんか。
日　直：「今日の反省をします。今日嫌だったことを発表してください。」
Aさん：（立ち上がって）
「Bくんに意地悪をされました。」
日　直：「Bくん立ってください。反省をしてください。」
Bくん：「ごめんなさい～」
＊このようなことが長々と続く……
これで本当に反省をしたと言えるでしょうか。

子どもたちのトラブルがあれば、大抵の場合、すでに叱られていたりしますから、もう一度蒸し返して再度叱られることになります。

子どもたちのトラブルに対して「終わりの会」で指導をしたという、アリバイ作りをしてもそれは自分を守るためであって、子どもたちのための的確な指導とは言えません。

また、このトラブルは学級全体で話し合うべき問題か、個別指導する問題かを吟味しなければなりません。

個別に指導しなければと判断したら、当事者の人たちは残りなさいと指示して、放課後ゆっくりと話し合えばよいのです。

一日を振り返って、反省することは決して悪いことばかりではありませんが、本当の反省と言うものは、心から理解できることや納得できることに支えられています。

「終わりの会」の大事な目的の一つは、その日一日何があっても、『**何が何でも「笑顔」で帰す**』ことです。

この点からも、Ａタイプの反省はしない方がよいでしょう。

もう一つ、気を付けたいことは、「**時間を短くする**」ことです。

係活動のところで述べたように、子どもたちの活動を活発化するためには、「いつ・どこで・何を」の条件を保障することが必要です。

「終わりの会」は短くして、放課後すぐに係活動に取り組めるように時間の確保をするのです。

私のクラスの「終わりの会」は、とてもあっさりとしていました。

連絡事項の連絡帳への記入は給食時間の終わりにほとんど済ませていますし、勿論「反省タイム」も先生のお説教もありません。

帰りの挨拶をしたら全員で先生とジャンケンをして、勝った人から握手をして帰ります。

握手をして一旦前の扉から出たら、子どもたちはそのまま後ろの扉から入ってきて、すぐに係の仕事を開始します。

係の仕事の無い子どもたちは、それぞれで自由です。

気を付けなければならないのは、「終わりの会」の長いクラスの前の廊下で、自分のクラスの子どもたちがジャンプしないように声を掛けておくこと、「先生のクラスの子どもたちが廊下でジャンプしてうっとうしいです。」と「終わりの会」の長〜いクラスの先生から叱られますから……（笑）

笑育コラム

「うん。うん。」学級

「今は座っていてね～」「は～い。」

「さぁ、教科書を出しましょう。」「は～い。」

自己抑制がきいて、協調性が高く素直に何でも言うことをきいてくれる子どもたちばかりだと、どれ程学級づくりは助かるでしょうか。

研修依頼を受けて、教室の巡回をさせていただくとき、衝動性や注意の転動、こだわりなど多くの困っている子どもたちに出会います。

それでも、何とかみんなと一緒に椅子に座って勉強しようと健気にがんばる姿に感動します。

稀にですが、協調性を重視し過ぎているのか、とても気になるクラスに出会うことがあります。

クラスの友だちが発表する時、全員の子どもが同じようにサッとその子どもにおへそを向けます。

それと同時に、友だちの発言に対してすべての子どもたちが口を揃えて「うん。そうだね～」「そうだね～」とつぶやきながら相槌を打つのです。

子どもたちの認知の面で考えると、どう考えても同じタイミングで理解できる筈がないのです（つまり、余りにも不自然）。

友だちのことを大切にする姿勢として、発言している友だちにおへそを向けてその発言に傾聴することは、他者を大切にする姿勢としてとても大事なことです。

しかしながら、これでは機械的にやっているだけで、「そうだね」と思っていない子どもはそれを言えないし、「分からない」も言えないのです。

本当に良いクラスとは、何でも先生の言う通りにするクラスではなく、子どもたち一人ひとりが伸び伸びとして安全で安心できるクラスのことです。

「ルール」や「習慣」を身に付けることも大切ですが、それは誰のためにやっているのかを冷静に考えて取り組みましょう。

第3章

子ども理解から
ユニバーサルデザイン教育へ

子どもたちをどのように捉えるか

Q.1 次のような子どもたちをどのように捉えますか?

【　】の中に自分の考える言葉を入れましょう。そして、その理由を書きましょう。

・授業中、座れない子ども　・授業中、ずっと私語をしている子ども
・周囲の子どもに暴言を吐くこども　・忘れ物ばかりしている子ども

○　このような子どもたちは【　　　　】子どもたちである。

☆理由：

［Q.1　回答］

【困った】子ども、【仕方のない】子ども、【ややこしい】子どもなど、マイナスのイメージの言葉を入れた方はご心配なく、それで普通です。

先の事例の子どもたちの言動は、担任として集団を動かしていくときに、ことごとく邪魔になる行為ばかりですから。

しかし、【困った】子ども、【ややこしい】子どもなどと捉えたら、そこから先の指導・支援はどのようになるでしょうか?!

まず、そう捉えた瞬間に、先生の顔は「怖い」。

次に、その顔の先生から出てくる言葉は
「何で、授業中に立ち歩いているの！　ちゃんと座りなさい！」

「何で、ずっとしゃべってるの！　授業中は、私語をしません！」

「何で、そんなこと言うの！　やめなさい！」

「何回言ったら持ってくるの！」等々

端的にいうと、こちらの捉え方が「困った子どもたち」なので、お説教か、叱責か、皮肉の連続になります。


実は、**【困っている】子ども**と捉えたいのです。

「困っている子どもたち」なのだと捉えれば「困っている」のだから、叱る対象ではなく、**「親切」にする対象**になります。

おそらく、これらの子どもたちは明日も明後日も同じことをしますが、こちらの捉え方が変われば、一瞬にして、見える姿が変わります。

「何で、授業中に立ち歩いているのだろう」（多動で抑制がきかないところがあるのかな？）
「何で、ずっとしゃべってるのだろう」（多動が口にきているのかな？）
「何で、そんなこと言うの！　やめなさい！」（誰かに、その言葉を浴びているのかな？）
「何回言ったら持ってくるの！」（短期記憶の問題があるのかな？）等々

わざわざ自分に逆らってしゃべり続けていたり、立ち歩いていたりする訳ではないのです。

「困っている」子どもたちなんだという捉え方ができれば、まず先生方の表情が穏やかに変わります。

そして、言葉も変わります。なにせ、困っているのですから、親切な丁寧な言葉になる筈です。

昨今、**インクルーシブ教育やユニバーサルデザイン教育**についていわれますが、この**視点の変化こそが第一歩**です。

そして次に、困っている子どもたちのために、どのような具体的な手だてを打っていくのかへ進むことができます。

「困っている子どもたち」を「困った子ども」と捉えている時点で、インクルーシブ教育やユニバーサルデザイン教育はありません。

しかしながら、このような捉え方をするためには、特別支援教育の知見が必要です。いわゆる発達障害と言われる子どもたちの特性や人間の脳の仕組みなどを学ぶ必要があります。

この後、随所で取り上げていきますが、日々心がけて学び続けましょう。

多動傾向にある子どもたち

Q.2 1年生を担任しました。あなたのクラスに、授業中座っておくことが苦手で立ち歩いてしまう子どもがいます。どのように指導しますか?

☆自分の回答：

【Q.2　回答】

「座りなさい！」と厳しく叱る。

まさかとは思いますが、「椅子に縛る！」（これらは、明らかに体罰です。）

もし、この子どもが多動であったり、衝動性が高かったりしたらどうでしょうか。

発達障がいの子どもであれば、遺伝子レベルで困っているということになります。

それを、叱って怒って説教して直せますか？

怖い先生なら、先生が怖いので子どもたちは我慢はしますが、根本的な解決にはなっていないことは、理解していただけると思います。

幼児や小学校の低学年の間は、押さえつけることができても、成長した子どもたちには通用しません（特に、思春期真っ只中の中学生には難しい）。

時折、「低学年の時にはちゃんとしていたのに」とか「小学校の時には、落ち着いていたのに」という残念な言葉を聞くことがあります。

しかし、それは子どもたちが幼いことをよいことに力で押さえつけていただけで、自分で自己抑制できるように子どもたちは成長していなかった（成長に寄与できなかった）ことを示しているのではないでしょうか。

ここで、「困っている子ども」と捉えることができたら、「動くことで落ち着くように脳のホルモンを出しているのかな？」或いは「ひょっとして、自分のことを注目してもらいたいために、立ち歩くという「見て見て行動」をしているのかな？」などと推察することができます。

先生方の中には、まず全体をきちんと聞いている状態にしてから、授業や話を始めたいと考えている方が多くおられます（「みんなで」に対するこだわり?!）。

ここは、発想をガラリと変えなければなりません。

まずは、「**子どもたちを動かしてから**」ということです。

国語であれば、教科書を姿勢よく読む時間も大切です（でも、体は止まりません）。例えば、「立って読みましょう。〇行まで読んだら座ります。」と指示するのです。一度立てば、座りますから2回動くことができます（多動の子どもにとっては、2度おいしい！）。

但し、ワンパターンではいけません。

困っている子どもたちはすぐに飽きるからです。

「立ちましょう。今日は、廊下の方を見て読みます。」

「立ちましょう。今日は、運動場の方を見て読みます。」

「立ちましょう。今日は、隣の友達と向き合って読みます。」

「立ちましょう。今日は、隣の友達と教科書を見せ合って読みます。」

「もうすぐ、校長先生が廻ってきます。廻ってきたら校長先生に教科書を向けて読みましょう。」（冗談の通じる校長先生のみ限定です（笑））等々

ちなみに、普段口パクの子どもたちが一生懸命に読もうとするのは、どんな指示の時だと思いますか？　これです。

「教科書を逆さまに持って読みましょう。」

困っている子どもたちの中の、こだわりが強い傾向にある子どもたちは、学び方をパターン化するとラクです。

一方、多動傾向にある子どもたちはパターン化し過ぎると、飽きてしまいます。

ですから、同じように立って読むとしても、その繰り返しにほんの「**ちょっとした変化をつける**」ことを忘れずしましょう。

そして、こういう引き出しをたくさん学んでいきましょう（指導・支援の工夫が益々楽しくなるはずです）。

笑育コラム

保護者が3人泣いて帰った……

学校の巡回指導をしているとき、ある小学校の校長先生からこんなお話を伺いました。

「4月末に授業参観があったのですが、参観の後、1年生の保護者が3人泣いて帰ったのですよ。」

この小学校、季節になれば蛍が舞うような自然に恵まれた地域なのですが、この年の1年生の子どもたちは、幼稚園で学級崩壊をしていたそうです。

この3人の保護者は、「我が子がちゃんと座って勉強をしていました。」と喜んで校長室を訪ね、涙を流して帰られたということです（保護者が反動で泣けてしまう程、幼稚園では大変だったのでしょう）。

担任の先生はベテランの素敵な女性の先生でしたが、1カ月もしない間にいったいどんな魔法をかけたのでしょうか⁉

実はこの先生、授業中とにかくやたらと子どもたちを動かすのです。

詩の音読や教科書を読む場合も、立つばかりではなく歩いて行進しながら、歌を歌うときも身体を揺らしながら肩を組んで、1年生ですからペアで隣の友達とお話ししたり見せ合ったりする等々、まさにアクティブラーニング。

つまり、活動的で動き回る授業なので「やれやれ」と子どもたちは座っていたのです。

この先生にお願いをして、地域の幼稚園の先生方へ授業の公開をしていただいたのですが、「座りなさい！」などと一回も声を荒げることはありません。

明るく楽しく、どんどん授業が進んでいきます。

にこやかなこの先生が授業中、一度だけ毅然として子どもたちにおっしゃったのは、多動傾向の男の子が椅子をギッコンバッタンやっていて、椅子から転げ落ちた時です。

思わず笑ってしまった周りの子どもたちに「今は笑う時ではありません。」でした。

困っている子どもたちにとって、まずきちんとすることほど、難しいことはありません。

「**止まらないのだから、動かしてあげる**」

シンプルですが、見事な「合理的配慮」です。

作業記憶（ワーキングメモリー）が少ない子どもたち

Q.3　ある小学校の女性の先生から次のような相談を受けました。あなたなら、この先生にどのようなアドバイスをしますか？自分の考えを書きましょう。

○　2年生の男の子なのですが、何か説明をしてもすぐに聞き返すんです。昨日もそのことであんなに叱ったのに、今朝も何事もなかったように、「先生～」ってニコニコして近づいてくるんです。いったい、どうなっているんでしょうか？

☆自分の回答：

【Q.3　回答】

この質問をされた先生は、「あんなに叱った」のに、「自分のお説教はどうして効かないの？」とか「本当は心の中は傷ついている筈ではないの？」などと、次の日もこの男の子がニコニコと近づいてくることに、不安や不信を持って居られたようです。

「この子どもに助けてもらって、先生良かったですね。短期記憶（ワーキングメモリー）の課題があって、叱られたことを忘れてくれているのです。そして、人柄のよい子どもだからニコニコと笑顔で近づいてくれているんですよ。」

と説明をしました。

もし、こだわりの強い特性の子どもだったら、「○年○月○時、□□先生に××のように叱られました」と一生覚えているかもしれません。

困っている子どもたちの中には、**作業記憶（ワーキングメモリー）**が、極端に少ない子どもたちがいます。

作業記憶（ワーキングメモリー）が少ないということは、先生の指示の言葉を聞き取り、記憶しておくことがとても苦手であるということです。

つまり、「作業を遂行することが困難になりやすい」状況にあるということです。

例えば、先生が「計算ドリルの20ページをやりなさい。」という指示を出した瞬間に、「先生、どこするの〜。」と聞き返しをしてくるような子どものことを言います。

「計算ドリルの20ページをやりなさい。」という短い指示の中でも、「計算ドリル」を探す、「20ページを見つける」、「ドリルをする」という三つの作業記憶が必要です。

最後の「ドリルをする」だけは、聞き取れたのですが、他は聞き取れなかったので尋ねたのです。

しかしながら、**衝動性**が高いこともあって、指示の度に毎回やってしまうので、しょっちゅう叱られることになります。

瞬間的に聞き返しをしてしまうという状態ですから、尋ねてしまってから「しまった叱られる」と思っているかもしれません。

この子どもは勉強のやる気があるから先生に尋ねています。

ところが先生はそんな子どもの特性を知りませんから「この子は私の指示をちゃんと聞いていない。」と思って叱ることになります。

上手くいく筈はありませんね。

特別支援教育の知見を使って、教師の方が「子ども理解」を進めていかなければ、改善されることはありません。

それにしても、「あんなに叱ったのに……」って、いったいどれだけ叱ったのでしょう。

笑育コラム　**「どんな時、厳しく叱るのか」**

若い先生の中には、「先生は皆さんのことを叱りません。いつも笑顔で過ごします。」と子どもたちに方針で示す方も居られるでしょう。

しかしながら、座っていることが苦手、忘れものが多い、チャイムの合図が守れない等々、困っている子どもたちがクラスに居ると、叱ることが増えます。せっかくの「笑顔ですごす」という約束も、クラスのスムーズな運営に反する子どもたちの様々な不都合な言動によって、吹っ飛んでしまうかもしれません。でも、困っている子どもたちは必ずどのクラスにも居るのですから、事前に自分に対して**「ブレーキ装置」**を付けましょう。

つまり、「どんな時、厳しく叱るのか」を示しておくのです。例えば、

○　「命」に関わること
○　人権（いじめなど）に関わること
○　三度注意しても、直らないとき

三つ目の「三度注意しても、直らないとき」が自分へのブレーキ装置です。

注意したいことがあったら、「○○さん」と優しく声を掛けて、指を1本立てるだけです。

2回目なら、勿論指を2本立てて同じように声を掛けます（3回目も同様です）。

4回目になってしまったら、「4回目になりましたので、今から1発怒ります。」と宣言して、つかつかと近寄って行って……（後はお好きに！）

「4回目になりましたので……」と説明しているうちに冷静になれますし、自分をコントロールすることが目的ですから、私の場合はワザと怖い顔で近寄って行って、小さな声で「アホッ」と言ってから、すぐに何事もなかったように授業に戻ります。

クラスのわんぱくさんたちは、○○新喜劇のようにズッコケてくれるようになります。

怒ってはいけない叱ってはいけないではないのです。

怒る回数、叱る回数を減らし、怒りっぱなし、叱りっぱなしを避けたいのです。

できる限り「笑顔」で学級づくりを！

「笑顔」の力を甘く見ては、いけません。

聞こえ（聴覚）で困っている場合

Q.4 では、Q.3のように、あなたのクラスにしょっちゅう聞き返しをしてくる子どもがいたら、どのように指導しますか？　自分の考えを書きましょう。

☆自分の回答：

[Q.4 回答]

「ちゃんと聞きなさい！」というお説教の繰り返しは、「百害あって一利なし」ですから止めましょう。

先に説明したように、困っている子どもたちの中には、作業記憶（ワーキングメモリー）が少ない子どもたちもいます。

先生をバカにしているのではなく、子どもたちは発達の面で困っているのですから、いくら厳しく指導しても、根本的には改善されません。

そこで、指導の工夫の一つ目は、担任であればどの子どもが「聞き返し」をしてくるのかは、わかっているはずですから、その子どもたちの座席を、できるだけ前方に持ってくるのです。

その上で、「計算ドリルの20ページをやりなさい。」という指示をしながら、計算ドリルをさり気なく目の前で見せるようにします。

聞こえ（聴覚）で困っていても、見たらわかる（視覚）ことが多いですから、見てわかるようにすれば良いのです。

次に、「聞き返し」をしてくるのは、十分にわかっているはずですから、せめて、黒板に

「P. 20」くらいは書くようにします。

「聞き返し」をしてきた瞬間、ニッコリ笑って、板書した「P. 20」を指差しましょう。簡単でしょ。親切ですね。

「ちゃんと聞きなさい」と叱り続けている先生と大違いです。

本当のユニバーサルデザイン教育というのは、このような小さな「親切」から成り立っています。

このような、日々の小さなやりとりの繰り返しが積み上げられて、クラスの「空気感」はつくられていきます。

マイナス言葉の合いの手を入れる子どもがいる場合

Q.5　ある小学校の3年生の教室に巡回指導に出向きました。その時のクラスの様子です。

あなたが担任なら、この子ども（男児）にどのような指導をしますか？
自分の考えを書きましょう。

○　社会科の授業でした。プリントに印刷した資料を担任の男性の先生が範読しています。先生が一文読むごとに、一番前に座っている男の子が大きな声で合いの手を入れます。
「おもしろくない～」「帰る～」「いらんし～」「○しっこ～」「○んこ～」等々……

☆自分の回答：

[Q.5　回答]

10行ほどあったでしょうか、先生が資料を読み終えるまで、すべて一文ごとにこの子どもはマイナス言葉の合いの手を入れました。

ボキャブラリーが不足してくるのか、こういう子どもたちは、なぜか下ネタを言い出します（笑）。

それにしても、初めてこのクラスに入った私には聞き辛く、耳障りに思えました。どうでしょう。イメージしただけでも、「うるさい」とか「黙りなさい」とか言いたくなりませんか。

しかし、この担任の先生は資料の最初から最後まで、マイナスの合いの手にペースを乱すことなく淡々と読み切ったのです（「うるさい」とか「黙りなさい」とかの言葉は一言も出ませんでした）。

分かっているけれど、敢えて授業にとって不都合な**言動をスルー（無視）して**、淡々と授業を進めたのです。

続いて、この社会科資料の内容についてこの先生が発問したところ、10人以上の子どもたちの手が、すっと挙がりました。

初めてこのクラスに入った私にはこの子どものマイナスの合いの手は耳障りでも、いつも一緒に過ごしている子どもたちにとっては、慣れたものなのか、見事に学習が成立していることに驚きました。

さらに、次の発問では、この合いの手を入れていた子どもも手を挙げました（そりゃあ、あれだけタイミングよく合いの手を入れられるのだから、全部しっかりと聞いていたということ）。

私は、このような指導を**『愛のムシ（無視）』**と呼んでいます（決して「愛のムチ」ではありません）。

健康な人の脳の危機管理の仕組みからは、非常に難しい指導・支援の方法なので、きっと「ここまでくるのは大変だっただろうなぁ」と思い、放課後全体研修が終了した後に、この担任の先生に「最初はどうしてたの」と尋ねてみました。

「実は、最初5月ぐらいまでは闘っていたのですが、あきらめました。」とおっしゃいました。

「よく、あきらめられたねぇ。」と感心しました。

「いやぁ。叱れば叱る程、どんどんエスカレートしてひどくなるもので……」

と謙遜されましたが、この「あきらめる」はこの子どもの成長をあきらめて、努力を止めることではありません。

この子どもの特性を「明らかにみて」、担任としてできることを淡々とやり始めたということです。

その結果、このような状況でも授業がちゃんと成立するようになったということです。

私は、この先生の取り組みも立派なユニバーサルデザイン教育だと思います。

ユニバーサルデザイン教育では、フラッシュカードや写真を子どもたちに見せて視覚支援をしたり、指示や発問の言葉を端的にしてわかり易くし、聴覚支援をしたりすることも大切な方法です。

その際に必ず自分の目の前の子どもたちの特性を把握し、どのように困っているのかを理解して進めていくことが肝要です。

常に、目の前の子どもたちの事実に立脚した実践を進めていきましょう。

笑育コラム

配慮の必要な子どもへの指導・支援の基本

困っている子どもたちは、その生産的能力の低さから、集団の中で不都合な言動を繰り返していることが多いです。

危機管理の脳の仕組みから考えると、健康な脳を持つ教師が、子どもたちの不都合な言動を見逃すことは非常に難しいことです。

だからこそ、その仕組みを知りコントロールすることが必要です。

また、「あれども見えず」で、私たちの脳はどうでもよいと感じることは見ようとしません。

生活の中で、意識をしないと見えていなかったというようなことは実感できると思います。

平素から子どもたちがきちんとしていると、私たちの脳は、それが「当たり前」になるので、がんばっている子どもたちのことを認めたり評価したりすることなく、無視してしまいます。

それが、私たちの脳の特性です。

しかし、世の中に当たり前なことなど一つもありません。

毎朝、子どもたちが元気に登校して来るだけでも、ありがたいことなのですが、それが当たり前になると感謝の心を忘れてしまうのです。

クラスづくりは、子どもたちの健康や協調性、さらには保護者や職場の皆さんの協力や助力がなければ、良い方向には進みません。

「シャワーのごとく褒めよ！」という言葉がありますが、何事も無い平穏な日々であっても、それは多くの周囲の人たちの支えによるものだと気づかなければ、褒め言葉や「ありがとう」などの共感の言葉が出てくるわけがありません。

簡単な表にすると次のようになります。

〈子どもたちの言動〉	×してはならない関わり方	○した方が良い関わり方
△不都合なこと	怒る、叱る	**見逃す、（愛の）無視をする**
◇どうでもよいこと ◇どっちとも言えないこと	※先生方の当たり前の基準に左右される	
◎都合の良いこと	見逃す、無視する	**褒める、共感する**

困っている子どもに対する座席上の配慮

Q.6 次の二つのクラスの座席表を見て、気づいたこと、わかったこと、思ったことを書きましょう。

☆自分の回答：

座席表①

黒　板

	落ち着きがなくすぐに後ろを向いて話をする						
先生の机			発表をするときにすぐに言葉が出てこない		集中力がなくすぐに手遊びをしてしまう		

座席表②

黒　板

動きが大きい。すぐ立つ。お話が止まらない。			色塗りのとき、一時期黒で全て塗りつぶす。	話が止まらない。		自分の中でわからないことが出てくると固まる。	
	なかよし						

【Q.6　回答】

座席表①では、担任の先生自身が困っていると捉えている子どもたちが後ろの方の席に座っています。

恐らくこれでは、授業は成立しているように見えても、後ろの方に座って困っている子どもたちは、授業に参加できずまるでお客さんの状態だと思います。

教師の目も届きにくいですし、子どもたちにとっても、黒板から遠くて場面圧が低くなるために、立ち歩いたり、声を出したりせずに大人しく座ってさえいれば、放っておかれます。

残念なことですが、実際に教室に訪問した時もそのようになっていました。

座席表②では、困っている子どもたちが概ね前の方に座っています。

授業中も先生は常に目配りができますし、すぐに机間指導・支援に入ることができます。

困っている子どもたちに目配りしたり、手助けしたりすることは、手間ひまがかかりますが、子どもたちを大切にしてくれていることが伝わってきます。

困っている子どもをどのように見ているのか、その上でどのように配慮しているのか、座席には教師の力量が見え隠れするものです。

笑育コラム　座席を決める

ある小学校で、二人の男の子がしょっちゅうトラブルを起こすので、先生が困っていました。

教室の座席を見てみると、こだわりの強いAくんの視野に、トラブルを起こしてしまうBくんが常に入る配置になっているのです。

そこで、Aくんの視野にBくんが入りにくいように席替えをするよう助言をしたところ、二人のトラブルは目に見えて減っていったのです。

子どもたちは、「席替え」が好きです。

席替えをして、1週間も経たないうちに「先生席替えしよう！　次の席替えいつ？」と言ってきたりします（笑）。

座席の配置は、子どもたちが学習に落ち着いて取り組めるかどうかの大事な要素です。

子どもたちの人間関係はどうか？

子どもたちの学ぶ力はどうか？（学力だけではなく、視力や、聴力も含めて）
子どもたちの見え方（視覚）や聞こえ方（聴覚）がどのようになっているか？
保護者の要望はどうか？　等々

様々な要素を考慮して、決めていきましょう。

くじ引きで席替えをすることは、平等に思えるかもしれませんが、「みんなが勉強をしやすくするための席替えであること」を丁寧に説明して、配慮していきましょう。

リーダーシップとフォロ－シップ

Q.7 学生からの相談です。ボランティアに入っている5年生のクラスで運動会の応援団長を決めることになりました。立候補した子どもは、「いつも活発で元気なＡくん」「しっかり者のＢさん」「大人しく普段あまり目立たないＣくん」です。
あなたが担任であれば、この後どのように応援団長を決めますか?
その理由も合わせて書きましょう。

☆自分の回答：

【Q.7　回答】

この後このクラスでは、担任の先生が「自分たち三人で話し合って決めなさい。」と指示をしました。

ところが、元気者の男の子たちが「選挙、選挙、投票で決めよう！」と言い始めて、結局3人がクラスのみんなに所信表明をしてから、投票をしたそうです。

概ね、結果は見えています。投票の結果、元気者のAくんが、応援団長に選ばれたそうです。

この経過を見ていた学生は、何となく納得がいかなくて、相談にきた訳です。

このようなちょっとした場面の指導に、学級担任の学級づくりに対する根本的な「理念」が見えてきます。

子どもたちの意見を尊重したようにみえますが、投票をするということは、余程のことが無い限り、大人しく目立たないCくんが選ばれる筈がありません。

結果的に、声高に言う子どもたちに振り回されただけです。

大人しく目立たないCくんが、手を挙げただけでもすごいことです。

リーダーシップというのは、フォローシップがあってこそ、成り立つものです。

つまり、「**やる気があるのなら、誰でもみんなやれる。それを、クラスみんなで支える。**」という教育理念が貫かれていると、

「3人でジャンケンをしなさい！　誰に決まっても、先生を含めクラス全員で助けるからね！」と言えるのです。

このようにしていかなければ、できる子ども、積極的な子どもばかりが様々な役割を引き受けることになり、大人しい子どもたちはチャレンジする機会を失います。

子どもたちの主体性や自主性を養うことは、日本の教育の大きな課題ですが、そのための基本は、このような些細な場面の指導に現れます。

気になる子どもへの指導方法

Q.8

① 下の写真を見ましょう。2年生の算数の授業時間の様子です。

この写真から気づいたこと、わかったこと、思ったことを書き出しましょう。

（※写真はプライバシー保護のため加工しています。）

☆自分の回答：

【Q.8①　回答】

一番気になる子どもは、どの子どもですか？
おそらく、写真下の前に突っ伏したようになっている女の子でしょう。
「こら～。ちゃんと座りなさい！」と叱りたくなりませんか？
次に気になる子どもは、その前の男の子でしょうか。
「もしもし、授業が始まってるよ。教科書くらい出しなさいよ。」
と声を掛けたくなるかもしれません。
一番前列に座っている男の子は、どうでしょう。

「教科書は出ているみたいだけど、お道具箱も出ちゃってるよ。自分の世界から出ておいで。」

と声を掛けたくなるかもしれません。

これらの子どもたちは、3人共に「聞く力」が弱く、さらに低緊張であったり、多動は出ていないけれど注意欠陥であったりして困っています。

怖ろしいのは、3人とも授業の邪魔はしていませんので、このままに放置しておいても表面上問題にならないことです。

Q.8

② もう一度、Q.8①の写真を見ましょう。2年生の算数の授業時間の様子です。あなたが担任だとして、この後どのように指導・支援しますか?
自分の考えを書きましょう。

☆自分の回答：

【Q.8② 回答】

「こら～。起きろ～。」とか「ちゃんとこっちを向きなさい！」「早くお道具箱は片付けなさい！」とか、ついつい厳しい口調で言いたくなりませんか？

注意欠陥とは、集中力そのものが無いのではなくて、今大切であったり必要であったりする情報に的確にフォーカスできないことをいいます。

大好きなゲームであれば、何時間でもやっていたりします。

覚醒レベルは、その場や状況に応じて適正でなければなりませんが、この写真のように「目を開けたまま頭は寝ている」ような子どももいます。

大事なことなので、繰り返し言いますが、発達障がいであれば、子どもたちは、遺伝子レベルで困っているのですから、何度周りの大人が叱責しても根本的には改善されません。

まず、一つ目のコツは、自分に集中してくれている子どもたちを**「褒める」こと**です。「こちらを見ましょう」と指示をしたら、見てくれている子どもは当たり前ではなく、先生に協力してくれて、「ありがとう」なのです。

ですから、**「指示と褒めるの一体化」**を意識して身に付けていくことが大切です。

「ここに、集まりましょう。」⇒「〇〇さん、早いね〜ありがとう。」

「教科書をだしましょう。」⇒「△△くん、もう出してますよ。すごいね〜。」

のようにです。

一見当たり前に見える・思えるようなことも、世の中には当たり前のことなどありません。

先生方の学級経営は、（当たり前のように思えてしまう）子どもたちの「協力」や「協調性」に支えられているのです。

二つ目のコツは、子どもたちを「**動かすこと**」です。覚醒レベルが下がっている子どもたちは、「動く」ことで、覚醒レベルが上がります。

この授業の場合であれば、「全員立ちましょう。15ページの2番の問題をみんなで読みます。」などと指示を出します。

そして、立ち上がるのが遅い子どもをスルーして、まずは素早く準備できている子どもを褒めます。

隣の子どもが立ち上がったことで、聞いていなかった（聞こえていなかった）子どもたちは、「何かあった？」と気づきます。

動きがあるので、気づいたら目で見て（視覚情報）、わかります。

お隣さんが優しい子どもであれば、何をすればよいのかを見せてくれますので、授業について来れるのです。

その様子に気づいたら、「△△さん優しいねぇ。ありがとう」と、見せてくれた子どもに必ず声を掛けましょう。

一方、中には「見ないでよ！」という厳しい子どもも居ますから、座席の配慮ってやはり大事ですよね。

このように、聞こえの良くない子どもたちの中には、隣の友だちをチラチラ見ながら健気に授業に付いてきている子どももいます。

間違っても、「よそ見しない！」などと叱らないでください。健気な子どもたちがかわいそうですよ。

「立つ」で1回、「声に出し読む」で1回、座るで「1回」、計3回動きがあるので、マイワールドに入ってしまってる子どもたちの覚醒レベルは上がります。

逆に、多動で座っていることが苦手で、動きたくってたまらない子どもたちにとっても、3回動けることで、助かるのです。

三つ目のコツは、「**全体を動かしてから、個別指導をする**」ことです。

「全員立ちましょう。15ページの2番の問題をみんなで読みます。」と指示を出したら、ついついまだ教科書を出していないDさんやEくんの世話をやきたくなります。

つまり、全員揃ってから、子どもたちみんなで一斉に読みたいのです。

まだ教科書も出していないDさんやEくんをほったらかして授業を進めたら、冷たい教師だと思われるのではないかという心理が働きませんか。

そうではないのです。みんなが読んでいる間に、どさくさに紛れて世話をやくのです。なぜなら、他の子どもたちが準備できている中で世話をしたら、その子どもが注目されるからです。

心理学的に言えば、「**注目された行動は強化される**」のです。

みんなが待っている中で、世話をされている状態は、その子どもが主役になっています。

もし、「愛着」に課題を持っている子どもがいたら、無意識的に「自分もあのようにすれば、先生にかまってもらえるんだ。」ということを学んでしまいます。

一生懸命に学級づくりに取り組んでいる筈なのに、がんばっている子どもたちは「当たり前のこと」としてスルーされ、生産的な能力を発揮できていない子どもは注目され、その行動が強化されるという真逆の指導が行われていることも多いのではないでしょうか。

文字練習の指導・支援方法

Q.9 ある小学校でのご相談です。子どもが漢字の練習で、下のような字を書いてきます。どのように指導をすれば良いでしょうか？

あなたが担任だとして、この後どのように指導・支援しますか？

自分の考えを書きましょう。

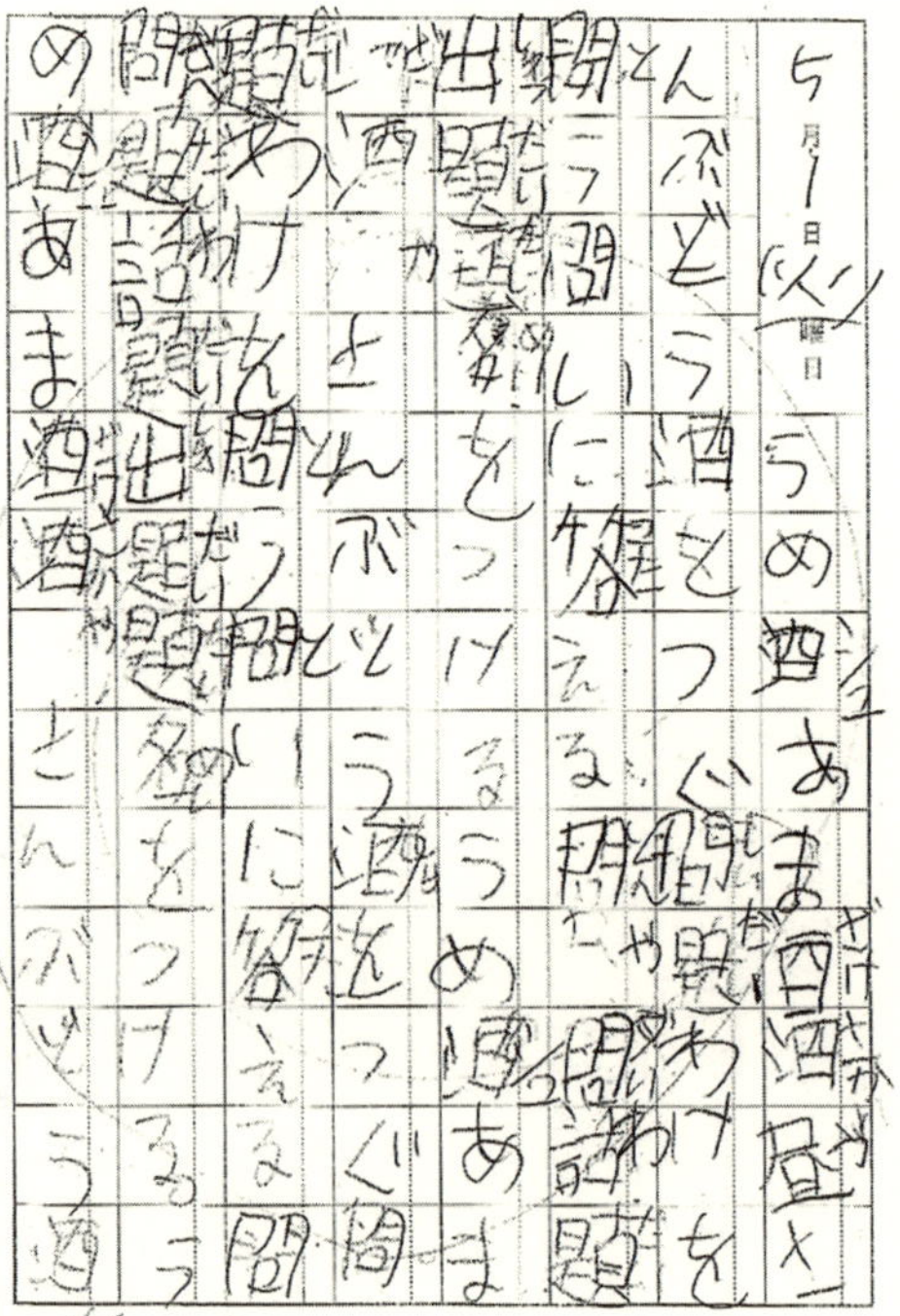

☆自分の回答：

【Q.9　回答】

これは、兵庫県の阪神間の学校でよく使われている百字帳という文字練習用のノートで、一ページが丁度百マスになっています。

枠の中から文字が飛び出していたり、縦が揃っていなかったり、文字の乱雑さが目立ちます。

でも、一生懸命にがんばって字を書いたことが伝わってきます。

最後の「酒をつぐ」のところが文字数が余ってしまって、「をつぐ」を枠の外まで書いています。

確かに文字は乱雑ですが、この子どものがんばりになぜだか、涙が出そうになります。

「普段はどのように指導されているのですか?」と尋ねてみました。

すると、下のように指導をしていますとのことです。

白黒の写真なので見えにくいかもしれませんが、文字の濃くなっているところは、先生が赤ペンで手本を書いてその上をなぞれるように支援しています。

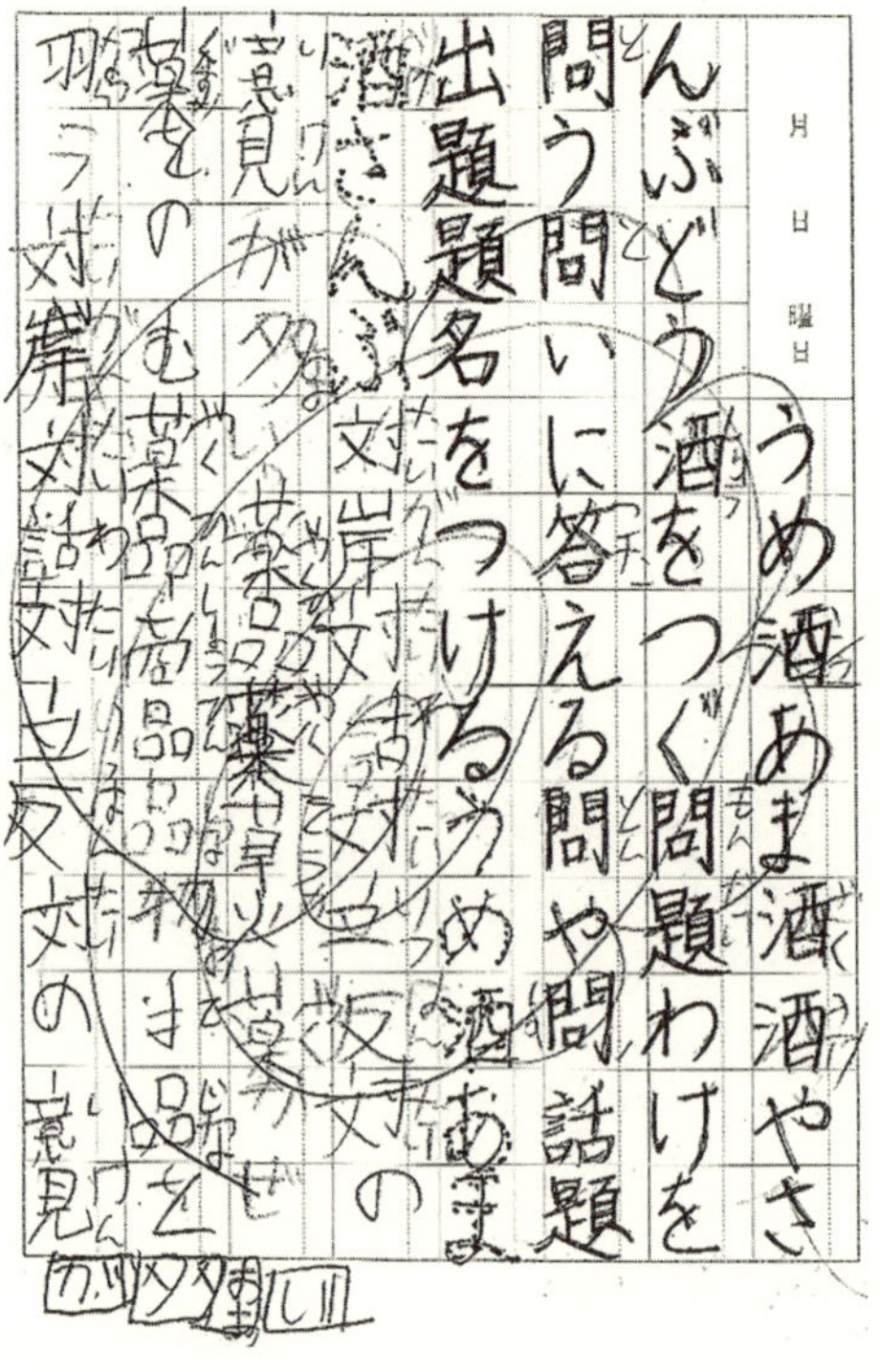

さらに赤ペンで丁寧にドットを入れているところもあります。

この子どもが少しでも、正確に美しい文字が書けるように、この先生が一生懸命に指導してくれている姿がよくわかります。

この子どももやはり健気に一生懸命にがんばって練習していることが、伝わってきます。

このページでも今度はフリーハンドでわざわざ枠を書き、「が多い」と下の余白に書き足しています。

「この花丸は何に対しての花丸ですか？」ご相談に来られた先生に尋ねてみました。

「はい。毎日がんばってくるので付けました。」

「それはつまり、努力に対する花丸ということですか？」

「はい。そうです。」

とのことでした。

この努力に報いるための花丸を付けることは悪くはありませんが、この努力が漢字を正しく覚えるという形で報われるために、どのように指導の改善をすれば良いでしょうか？

(1)「赤ペン」を「赤鉛筆」に！

赤ペンの代わりに「赤鉛筆」を使って、お手本を書くのです。

赤ペンだと、どうしてもなぞったことが見えるのです。

教師としては、指導した痕跡が残るので、達成感があるのですが、子どもにしてみれば、指導してもらった嬉しさもあるでしょうが、「自分でできた」という感覚が薄まります。

同じなぞらせたいと思うのであれば、その努力を赤鉛筆で薄く書くのです。

赤鉛筆の上を、子どもたちがかきかた鉛筆など濃い鉛筆で丁寧になぞることができれば、下の赤い線は見えないのです。

つまり、まるで自分が書いたように見えるのです。当然、その方が、子どもたちにとって自信がつくことにつながります。

(2)努力の丸から目当て達成の丸へ！

文字の練習をする時の、何らかの「目当て」を明確にして子どもと共有化します。

今日は、「枠からはみ出さないで書く」とか、「縦に真っすぐ揃えて書く」など、その日の目当てに合った文字に、丸を付けることができます。

「枠からはみ出さないで書く」ことが目当てであれば、この目当てに当てはまる文字には文字が歪んでいても、丸を付けることができます。

努力への花丸も評価という視点では大切ですが、これは、努力への丸だけではなく、文字の練習として「目当て」が達成できたことへの評価に直結します。

(3) 認知や運動の面から子どもを理解する

どこのクラスにも、この事例のような乱雑な文字や誤字、鏡文字などを書く子どもは、必ず在籍しているはずです。

このような子どもについては、「丁寧に書こうとしない困った子どもだ」と捉えるのではなく、微細な運動に対する障がいの有無や、眼球運動がスムーズにできているか等を観察しましょう。

時間がかかりますが、微細運動や粗大運動、眼球運動などを鍛えるための遊びや運動をクラスの力（みんなで楽しく取組むというダイナミズム）を借りて子どもにより多く経験させる必要があります。

(4) 五感を活用した指導

文字を上手に書くためにたくさん文字を書くという方法もありますが、それでは学習者である子どもたちの認知を限定的にしか使っていないことになります。

例えば、下の写真のような「空書き」の方法があります（※写真はプライバシー保護のため加工しています）。

①まず先生が、書き順を唱えながら、文字を板書します（視覚認知と聴覚認知を使う）。

②次に先生は子どもたちの方を向きその文字を裏から見た状態で、左手で空中に描きます。

③同時に子どもたちみんなで、書き順を唱えながら、空中に文字を書きます（空間認知と視覚認知と聴覚認知などを使う）。

＊ここで、学級のダイナミズムがいかされます。クラスのみんなで楽しくアクティブに取組むからこそ、困っている子どもたちも乗ってくるのです。

＊先生は子どもたち全体を視野に入れて見ているので誰の動きが合わないのかがわかるはずです。

＊そのチェックをしながら、「はい男子（おぉ、やるな〜）」、「次は、はい女子（すばらしい！）」、「次は、はい○班さんだけ〜」とか指示と評価をしながら、変化をつけてどんどん練習します。

※脳が健康であれば、できていない子どもが目に入りますが我慢します。決して叱りません。

④空書きができたら、書き順を唱えながら指で机の上にその文字を書きます（聴覚認知、触覚認知を使う）。

※ここでは、まだ鉛筆は持ちません。

⑤机の上でスムーズに指書きができるようになって初めて、鉛筆を持ちノートやドリルに書いていきます。

＊子どもたちにとって、初対面の見たこともない漢字を見ながら、動きにくい指で鉛筆を持って文字を書いて覚えるという行為は、難しいことを複数同時にこなすことになります。

だからこそ、その負担を軽減するため、動きやすい指で書き順と形を覚えてから、持ちにくい鉛筆を持つようにします。

※実は、ここが一番難しいところです。

なぜなら、空書きだけでは、学んだということが目に見える形で残っていません。ノートやドリルを見て、やってないじゃないかと言われるのも心外だし、教師も指導した、子どもも字を書いたという形で勉強した足跡を残したいという、心理が働くからです。

こうして、できるだけ多くの認知を使って学習するようにします。

なぜなら、認知面で偏りがあり困っている子どもたちも、どこかの認知をバイパスのように使って補っているからこそ、教室でみんなと一緒に勉強しているからです。

認知的能力の得意なところがあれば、そこを使えるように配慮するのです。

漢字が書けないので、ひたすら漢字を書いて練習するだけでは、合理的な配慮とは言えないことが理解していただけると思います。

笑育コラム

授業づくりは学級づくり

このように事例を上げていくと、大切な気づきがあると思います。授業づくりと学級づくりが切り離せないという事実です。

休み時間や給食の時間、放課後の時間も勿論大切ですが、言うまでもなく担任の先生が子どもたちと一番多く触れ合っているのは、授業中です。授業中の、子どもたちとのちょっとした「やりとり」が学級の空気感（雰囲気）をつくっていきます。

黒板の上の方に「学校で一番明るいクラス」と書いた目標を貼ったからそうなるのではありません。

教室巡回をしているとき、授業の邪魔にならないように、教室の後ろから入ります。

授業をしている担任の先生は基本的に視野に入れずに、子どもたちだけをざっと見てから、後ろに貼ってある掲示物をチェックします。

そうしながら、先生の声を聴いています。そしてその声を聴きながら、どんな先生だろうと楽しみにして振り返ります。

すると、「学校で一番明るいクラス」と書いた目標の下で、先生の顔が怖かったりします（笑）。

先生は目当てを守らなくても良いと指導していることになりますので、要注意です。

さて、平素の子どもたちとの「やりとり」は、ロールプレイなどではなく本気ですからそれが子どもたちに伝わっていくことは避けようがありません。

困っている子どもたちが困っているところを表出させていると、どうしてもそれらの子どもたちと先生との「やりとり」が多くなります。

つまり、困っている子どもたちとの「やりとり」を上手くできれば、クラスはどんどん良くなるということです。

勿論、その逆も大いにあるということです。

子どもは、言った通りにはなりませんが、こちらがやった通りにはなります。

シールの活用方法

Q.10

①　学級で子どもたちに「シール」を渡すことがあります。どんな時に「シール」をもらいましたか？（渡しますか？）書き出しましょう。

☆自分の回答：

② 先生はどのようなねらいで、「シール」を渡していたのでしょう?

☆自分の回答:

③ 「シール」を渡す時、気を付けておくべきポイントは何でしょう?

☆自分の回答:

【Q.10　回答】

小学校・中学校の時代に「シール」をもらった経験を、講義の中で学生に思い出してもらうと次のような事例が出てきました。

・体育授業の○○達成カードに貼る。
・本読みカードに貼る。
・耐寒かけ足やマラソンのカードに貼る。
・自主（自由）勉強をしてきたら、もらえる。
・小テストで合格したら、もらえる。
・百マス計算でがんばったら、もらえる。
・連絡帳をきれいに書いたら、もらえる。
・そうじでがんばったら、もらえる。
・忘れ物チェックで、忘れ物がなかったら、もらえる。
・クラスで良いことがあったら、全員がもらえる。　等々

書き出したらきりがないほど、学習面、生活面、体力の向上など、様々なところで「シ

ール」は活躍しているようです。

また、個人に渡すだけでなく、グループや学級全体に渡すなど、色々な工夫もされています。

ある学生の話では、自分のクラスでは、がんばった結果がポイント制になっていてポイントが溜まったら大きなキラキラのシールがもらえるので一生懸命だったとか、低学年の時、がんばったら「シール」をおでこや鼻の頭に貼ってもらえるのが楽しくてがんばったとか、基本的に子どもたちの「励み」のために活用されていると考えられます。

他には、その学期の最後に必ず子どもたち全員に「シール」がいきわたるように先生が工夫をしていたことを覚えている学生もいました。

すばらしい気づきだと思います（そういう子どもがクラスに居てくれたことで、その先生も幸せです）。

せっかく、子どもたちの「励み」のために導入するのですから、良い方向に機能させていきたいものです。

そのためのポイントを確認します。

ポイント①：子どもたちの特性は全員違うので、**「同じ状態に見えても努力の度合いもそれぞれで違う」**ということの認識です。

例えば、授業中同じように座っていても、多動傾向のある子どもたちは、他の子どもたちの10倍も50倍も努力して座っている可能性もあるのです（机の下で足だけ動かしていたり、手遊びが全然止まらなかったり、何とか耐えている子どもは多いですよ）。

それぞれのケースで違いますが、同じ基準で同じように「シール」が渡されるというのは、本当はおかしいのかもしれないのです。

子どもたちが自分で「目標」を持って、自分の「目標」を達成できた時に「シール」をもらうなど、他者評価だけではなく、自己評価の視点を働かせることも一つの方法です。

特に日本の子どもたちは、様々な調査で自己肯定感や自己有用感が低いことが話題になりますが、自分の努力やがんばりをきちんと見ていける機会をつくっていくことも貴重な経験となるでしょう。

ポイント②：**「シールがもらえた人と、もらえなかった人」が必ずクラスに出てきてしまう**という認識です。

「励み」のために活用するツールである「シール」が子どもたちの気持ちを傷つけるのは、本末転倒です。

自分だけがもらえなかったということが無いように、気配りとルールの工夫をしていくことを忘れずにしたいものです。

これは、競争して良いところと、競争してはいけないところとがあるのと同じような理由です。

体育学習でのゲームやリレーなど競技や競走は、勝ち負けを楽しむことが本質ですから、「勝つ」「負ける」の体験が大事な学びになります。

「シール」で勝ち負けがあることは、本質的ではありませんから、やみくもに渡すのではなく、どこで「シール」を使うのか、一度立ち止まって考えることが肝要です。

ポイント③：**「掲示の仕方に気をつける」こと**です。

例えば、忘れ物をしなかったら「シール」がもらえるとして、その一覧表を次頁のように掲示したとします。

忘れ物をしなかったら「シール」がもらえるのですから、忘れ物ばかりしている子どもには当然「シール」がほとんど貼られていません。

発表をしたら、「シール」がもらえるというルールも同じです。

活発でよく発表する子どもは「シール」が貼られてモチベーションが上がるかもしれませんが、大人しくて発表が苦手な子どもには、「シール」が貼られていません。

その状態を、学級の後ろやサイドの壁に掲示する必要が本当にあるのだろうか、「シール」の少ない子どもたちがどのような気持ちになるのか、それを保護者が見たらどう思うのかを慮《おもんばか》るという感性を大切にしましょう。

つまり、全員に見える掲示の仕方には、プラスとマイナスの両方の機能があり、「シール」も使い方次第、「両刃の剣」であることを自覚しておくことが大事です。

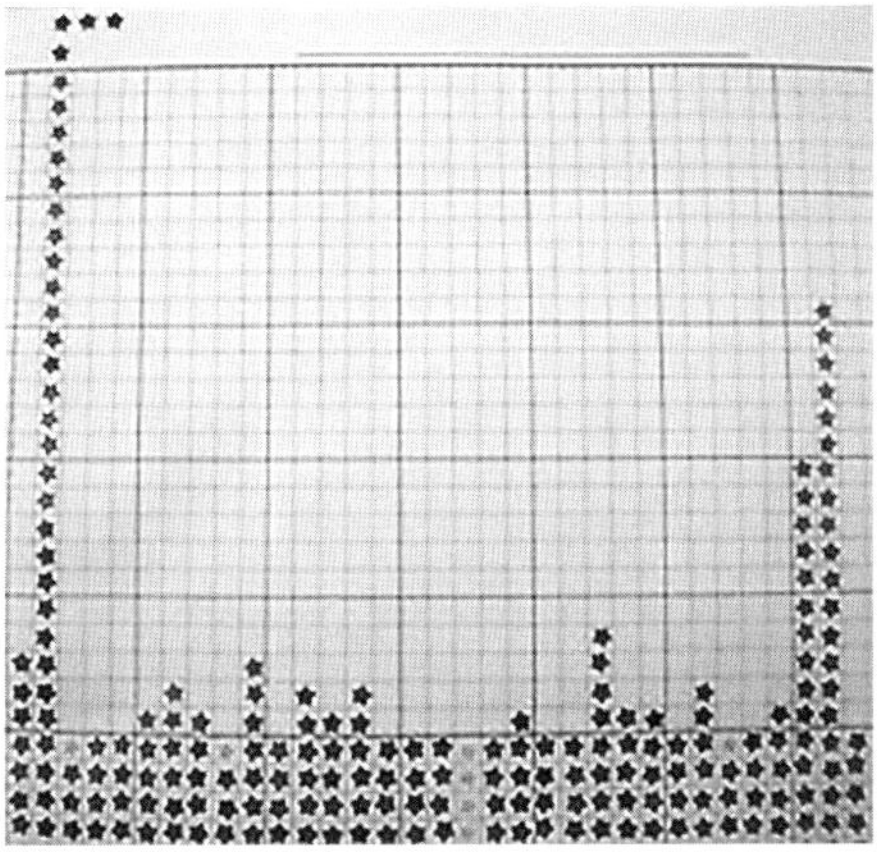

「宿題」

Q.11 「宿題」について考えましょう。

① 課題は子どもたち全員同じですか？

☆自分の回答：

② 分量は子どもたち全員同じでしたか？

☆自分の回答：

③　ではなぜ「宿題」を出すのでしょう？

☆自分の回答：

④　「宿題」を出す時、配慮するポイントは何でしょう？

☆自分の回答：

【Q.11　回答】

いわゆる課題の「内容」については、「今日は算数のプリント」「明日は、漢字テストの予習」等々、子どもたち全員同じという意見がほとんどだと推察します。

「分量」についても、授業での課題のやり残しなどが宿題になれば、当然各自の分量は変わってきますが、基本的にやはり全員に同じ分量が課題として出されていることが多いと思います。

次に、なぜ先生方は「宿題」を出すのでしょうか？

・学習習慣を身に付けるため

・基礎学力の定着を図るため

などが考えられます。

ここでちょっと角度を変えて「宿題」を見てみましょう。

「宿題」が授業でのやり残しであれば、世間では「残業」に当たります。

「残業」すれば、ブラック企業でない限り、普通は手当てが付きます。

ところが、学校では手当てがつくどころか、「やっていないではないか！」と逆に叱られます。（おかしくないですか⁉）

屁理屈をこねていないで、「宿題」で配慮するポイントについてお話をします。

一つ目は、その**「宿題」のねらいをもう一度明確にする**ことです。

学習習慣を身に付けさせたいのであれば、その「宿題」は本来できる限り楽しいものであることが大事な点です。

怒られて、叱られて嫌々やっているようでは、普通の人間は「習慣」にまで到底到達しません。

また、基礎学力の定着を図るのであれば、学習面でも本来子どもたち一人ひとりの課題はバラバラです。

国語としての基礎学力に課題のある子どもも居れば、算数としての基礎学力に課題を持つ子どもも居ます。

そうであれば、全員同じ課題で同じ分量であること自体が、おかしいのです。

したがって、自分の課題を明確にし、自分で「内容」や「分量」を決めて自分でやる方が、**『合理的な配慮』**である筈です。

このように、自主性や主体性を育てることも「宿題」の大切なねらいだと考えています。

二つ目は、**子どもたちの特性を考慮する**ことです。

その子どもの持っている特性や、家庭状況等を踏まえて、内容や分量を工夫したいものです。

学校より家庭の方が、子どもたちは甘えが入る場合が多いですから、多動傾向のある子どもたちを家庭で椅子に座らせて勉強させることは保護者にとって相当な難題になります。

真面目な保護者は、子どもに「宿題」をきちんとさせたいと思ってくださっていますから、時と場合によっては、大バトルが繰り広げられる可能性もあります。

何気なく出していた「宿題」が思いもよらないほど家庭を苦しめている場合もありますから、注意しましょう。

決められた課題をすることも大事ですが、自学（自由勉強）にしても、子どもが「自己選択」できることはやはり重要です。

繰り返しますが、内容や分量を自分で決めて実行することが、主体性や自主性を育てることにつながるからです。

そうかと言って、「何でもいいよ」では、困っている子どもたちには最もわかりにくい課題になりますから、友達の「自学」を紹介したり、明日の漢字テストの予習として練習する分量を決めさせたりするなど、面倒がらずに丁寧に指導していきましょう。成長とは自律から自立への道ですから、ここでは子どもたちが自分で考える練習、自分で工夫してする経験が必要です。

決められたことをするよりも、主体性や自主性を養っていくことの方が、なかなか手間がかかるということです。

そして、「宿題」として、決まられた内容と分量を子どもたちがやってくるだけでも有難いことですから、その協力性や責任感に感謝し、その努力に共感することも、忘れないでほしいものです。

笑育コラム

「宿題のサムライ（?）」

今度テストで出す漢字を予告して三つほどの漢字を覚えてくることを宿題にしていたことがありました。

例えば『田』という漢字がテストに出されるとすれば、その時Aくんは片側

1ページに1文字だけ『田』と書いてきます。

「たった一文字で宿題なの⁉」

怒る必要はないですよね。

「やるなぁ～。これで合格したらすごいよね。」

それでもし、合格出来なかったら
「明日は、どうする？　どれくらい練習する？」

そう尋ねて、様子を見る……今度は、1ページに『田、田』と二文字（笑）。

それくらい、しぶとい（？）ある意味逞しい（！）。

もし、前述したような「空書き」「指書き」を正しくやっていれば、鉛筆で書くという量は減りますから、数を書きさえすれば良いという訳ではなくなります。

子どもたちが量を決めて書いてくる。それで、ダメならまた相談する。

一見面倒なのですが、自分で分量を決めさせるというのであれば、その面倒
なことの繰り返しを決して惜しまないことです。

第4章

困っている子どもとの関わり方

「いじめ」や「体罰」などの問題は、長らく日本の教育課題であり続けています。「問題」が起きた時にどうするかという「危機対応」の観点だけではなく、平素からの子どもたちとの関わり方をどのように進めていくかという「危機管理」の視点を大切にしたいと考えます。

ここからは、様々な事例を通して、子どもたちの成長に寄与するためにどのように関わっていけばよいのかを一緒に考えていきましょう。

「見て見て行動」

Q.1 ある小学校の事例です。熱心な三十歳代の女性の先生がとても怒っています。うちのクラス（3年）のAくんはずっと暴言を吐いています。友だちにもしょっちゅう「死ね、死ね」と言うし、それに教科書も出さないんです。2年生のBくんとは違って、うちのAくんは、ワザとやっていると思うんです。
皆さんであれば、この先生にどのようにアドバイスしますか？

☆自分の回答：

【Q.1　回答】
教室巡回の後、この先生との面談での会話です。
私：「教科書を出さないそうだけど、普段はどうしてるの？　そのまま？」
T：「いえ、個別に指導したら、出すんです。でもね、先生『ハイハイ、わかりましたよ

～（いかにも邪魔くさそうに）』って出すんです。どう思いますっ！」
私：「へぇ～そうなんですね。個別に指導したら、教科書を出すことは出すんですね。ところで、暴言は誰にでも言うのですか？」
T：「いえ、クラスの中で結構関わってくれる友だちに言っていることが多いように思います。」
私：「なるほど、そうなんですね。ところで、2年生のBくんとは違うってどういうことですか？」
T：「Bくんは、ワザとではなくて、困っているからしているんです。うちの、Aくんはワザとやってるんです。」
私：「ワザとでは、ダメですか？」
T：「？……」
残念なことに、「死ね」と言葉を発する子どもたちは、どこかで誰かからその言葉を浴びています。成育歴にも何か問題を抱えているかもしれません。
先生が個別に指導すれば、例え邪魔くさそうにしても、教科書を出すのですから、明らかに「見て見て行動」であると言えます。

もっとかまって欲しい、もっと相手をしてほしいという心理がマイナスの行動として、Aくんからアウトプットされているということです。

相手をコントロールするのに、一番安易な方法が、マイナスのストローク（言葉でも行動でもよい）を出すことです。

普通の相手であれば「怒らせる」という形で、簡単にマインドコントロールできるからです。

このAくんにとって、怒られている間中、この先生を独り占めできるのです。

「愛着」の問題は、無意識の領域なので、自分が愛に飢えているとか誰かにかまってほしいとかの認知は非常に難しいと考えられます。

そして、このようにマイナスのストロークを出していると、当然怒られたり叱られたりすることが多くなります。

それでも、淋しく満たされないので、もっとマイナスのストロークを出して、よけいに怒られることや叱られることが多くなります。

これをずっと繰り返していると脳が変性し、対人関係の中でつくられる「2次障がい」

を起こします。

「ワザとでは、ダメですか」の意味は、ここにあります。

ワザとやっているように見えるほど、**「2次障がい」の理解は難しい**といえます。

このような知識が無いと、非生産的な言動を繰り返している子どもたちは、「困った子ども、ややこしい子ども」に見えてしまいます。

エネルギーの高い先生であれば、この先生の脳の扁桃体はAくんを敵とみなし、日々闘うことになり、いっそう泥沼にはまっていくことでしょう。

Aくんはおそらくこれまでの成育歴の中でとても「苦労をしてきた子ども」なのでしょう。

家庭の子育てまで首を突っ込むことは簡単にはできませんから、「見て見て行動」をしなくてもクラスの中に自分の居場所があるように仕組んでいくことが重要です。

また、学校全体で共通理解を行い、担任一人の力だけではなく管理職も含めてみんなで家庭との連携を図っていく必要があります。

笑育コラム　無敵（?）の生徒指導

我々人間の脳は、究極的に言えば、命を守るために発達してきたため「危機管理」の仕組みが構築されています。

五感からの情報は、すべて大脳辺縁系の扁桃体や側坐核に入り、そこで「好き」「嫌い」「敵」「味方」などの感情のレッテルを貼られてから、人が人らしく行動できるようにコントロールしている前頭前野などに送られていきます。

つまり、感情のレッテルが貼られていない「情報」はないのです。

この点から考えると、問題行動を表出して困っている子どもたちと日々一生懸命に関わっている中で、いつの間にか自分の脳の扁桃体が彼らは「敵」に変わっている可能性があります。

特に困っている子どもたちは、生産的な能力が低いために集団に対して不都合な言動をしていることが多いものです。

つまり、我々の扁桃体や側坐核はそれらの子どもたちの姿を見てすぐに「敵」と判断してしまう可能性が高いのです。

子どもたちは決して「敵」ではありません。大切な教え子です。

ですから、『無敵の生徒指導』なのです（対抗できるものがいないほど強いという意味ではありません）。

子どもたちと穏やかに、冷静に関わっていくためには、この脳の情報の流れを知り、メタ認知の力を使って自分を内省し、前頭前野で「扁桃体」や「側坐核」をコントロールする必要があります。

子どもたちに掛ける言葉

Q.2 放課後、職員室に戻ろうと階段を下りていたら、階段の踊り場のところで自分のクラスの子どもではない中学年くらいの女の子が、寝転んでいる二人の男の子を思いきり蹴とばしている場面に出くわしました。

皆さんであれば、この後どのように言葉を掛けますか？

☆自分の回答：

【Q.2　回答】

笑育の基本である「基本的に『笑顔』でいる」という「視覚支援」ができたら、いよいよ「言葉」という「聴覚支援」の段階に進むことができます。

この事例は、**「ファーストコンタクトの言葉」**（子どもたちに最初に掛ける言葉）をどうするのかが課題です。

いきなりこのような場面にでくわすと、普通であれば「何してるんだ！」と、慌てて駆け寄るような状況になろうかと推察します。

「何してるんだ！」という言葉の語気が荒いと、子どもたちにはこのような状況になった事情を抜きに頭ごなしに怒られたという印象を与えてしまいます。

そこで、「誰かを蹴とばしているというような」普通ではない危険な状態なのですから、**『大丈夫？』**（丁寧に、穏やかに）と声を掛けます。

「大丈夫？」という言葉は、相手を気遣う言葉ですから、いきなり頭ごなしに叱られたという印象にはなりません。

したがって、子どもたちは心を閉ざすことなく、そのような状態になってしまった経緯を説明してくれます。

「ボタンの掛け違い」と言いますが、自分が発した最初の言葉から子どもたちへの指導・支援を難しくしてしまうこともあるのです。

言葉かけの基本として、ぜひ、身に付けてください。

Q.3 授業中に、机から通路側に足をはみ出して座っている子どもがいます。
あなたは、どのように言葉を掛けますか？

☆自分の回答：

【Q.3　回答】

やはり、姿勢が気になる先生にとっては、お行儀の悪い座り方をしていると、「ちゃんと座りなさい！」「こら〜足！」などと言いたくなりますよね。

ＡＤＨＤタイプの子どもたちは、体幹が弱く低緊張の場合が多いですから、基本的にだらりとしていたり、おへそを上に向けて一見ふてぶてしい態度に見えたりします。

それを躾で直そうと、叱ったり怒鳴ったりしても、根本的な改善には至りません。

本気で改善したければ、体育や運動で体そのものを、時間をかけて鍛えていく必要があります。

かと言って、無視することは避けたいので、何かしらの言葉を掛けたいわけです。

このような時、一番簡単な言葉かけの方法は、私が「**見たまんま法**」と呼んでいるものです。笑顔の基本ができていれば、その笑顔のまま淡々と「足、出てるよ」と言えばよいのです。

気を付けなければいけないのは、言葉には感情が乗るということです。表情が硬いと、ついつい「足、出てるよ!!」の口調が厳しくなります。その時点で、言われた子どもには、感情が伝わります。周りの子どもたちにも、嫌な空気が伝染していくことになります。

まず、表情（視覚支援）を作って、自分の言葉の「言い方」（聴覚支援）を磨いていきましょう。

笑育コラム

ある「見たまんま法」の使い方

ある小学校へボランティアに行っている女子学生が訪ねてきました。

「先生、私の入っている1年生のクラスの子どもたちは、私が後を通るだけでビクッとするような仕草をするんです。どうしてだろうと思っていたら、担任の女性の先生なのですが、子どもの手が机の上に出ているだけで『てぇ〜！』って大声を出すんです。子どもたちがかわいそうで……」

これは、最もやってはいけない「見たまんま法」の使い方の例です。

子どもを大声で恫喝して、いう事をきかせるやり方は「指導」ではありません。なぜ、机の上に手が出ているだけで、先生から大声で叱られるのか、意味が分かりません。

只々、躾と称して脅かしているだけになっています。

改めて確認しますが、「指導」とは、目標や目当てを指し示して、導くことであって、相手に「寄り添う」という姿勢が基本です。

「YOUメッセージ」と「I（愛）メッセージ」

Q.4 廊下を全速力で走っている6年生の男子に、出くわしました。
さて、皆さんであれば、この6年生にどのような言葉を掛けますか？

☆自分の回答：

[Q.4　回答]

本書の「はじめに」でも述べましたが実習訪問に出向いた小学校の校長室で、実習生に授業後の指導をしていた時のことです。

廊下で、大きな怒鳴り声が響きました。

「あなたは、6年生でしょ〜！　何で廊下を走っているの！　いいかげんにしなさい!!」

ベテランの女性の先生のようでした。

確かに廊下を走ることは危険ですし、ルール違反です。

特に、6年生が1年生とでもぶつかったら大変なことになります。

しかし、安全指導のためとはいえ、廊下を走っただけで、あれだけ怒鳴られたら6年生といえども、辛い気持ちになるだろうなと思いました。

それに、ここは校長室前の廊下だし、如何にも「私は指導しています」というようなパフォーマンスをしなくても大丈夫なのにと残念な気持ちにもなりました。

さて、Q.2の事例を生かせば、「(何をそんなに急いでいるの）大丈夫？」の言葉（掛け）

が使えます。

さらに、ここで**「YOUメッセージ」**と**「I（愛）メッセージ」**を使えるようにしましょう。

相手を褒めるときには主語をYOUにして話しましょう。

「（あなたは）よくがんばったね。」「（君は）優しいね」のように使います。

相手を指導したいときには、**「YOUメッセージ」**を使ってはいけません。

「（あなたは）何でいつもこうなんだ。」「（君は）やる気はあるのか!?」などです。

相手を指導したいときには、**「I（愛）メッセージ」**を使うようにします（愛を込めてほしいので、漢字の「愛」としておきました）。

「（わたしは廊下を走っている君をみて）危ないと思うよ。」

「（わたしは）チャイムの合図を守ってくれたらうれしいな。」などです。

すぐにはできるようになりませんが、これも練習すれば必ずできるようになるスキルの一つです。

練習、練習、練習、練習、練習、練習、鍛錬、鍛錬……です。

失敗を楽しみつつ、顔晴りましょう。

やる気がなさそうに見える場合

Q.5　その週末の土曜日に運動会が迫る水曜日の午後でした。あいにく、木曜日と金曜日は雨の予報です。平素は温厚なベテランのA先生（男性）が、集団演技の練習の指導をしています。さっきから一番前の自分のクラスのBくんが気になります。ちっとも、やる気が見られず、ダラダラとしているように見えます。たまりかねたA先生は……

この後どのようなことが起こったと予想しますか？

自分の考えを書きましょう。

☆自分の回答：

【Q.5　回答】

この後、Ａ先生は、Ｂくんを列から引っ張り出し「そのダラダラしてる態度はなんだ！」と厳しく叱りました。

引っ張り出された時、Ｂ君は膝を軽く擦りむきました。

さらにその時、Ａ先生は持っていた縄跳びを地面に叩きつけたので（Ｂくんにぶつけたのではない）、縄跳びの柄が壊れてＢくんに当たりました。

こうなると、普段がいくら穏やかな先生であっても、「体罰」事例となります。

その後、保護者からの訴えもあり、謝罪のために家庭訪問をしたり教育委員会から相当な処分を受けたりするということになります。

Ａ先生のＢくんに対する言動は、平素の自分を見失った状態です。

普段温厚なＡ先生が陥ったこのような場面を「パニック（指導）」と呼びます。

色々な条件が重なったりストレスが溜まったりすると、人は普段の自分の姿を見失いがちです。

ここまで行かずとも、教師の仕事をしていると表面化しないまでの小さな『パニック』になるような状況にさらされがちです。

Ｂくんは、Ａ先生から見て「やる気がなさそうに見えた」のであって、本当にやる気がなかったかどうか、心の中はわからないのです。

どの教室にも座っている時からダラリとしていて、シャキッとしているようには見えない子どもたちが居ると思います。

しかしそれは、先生に逆らっているとか、怠けているとか、サボっているとかではない場合もあるのです。

特に、体幹が弱く低緊張気味の子どもたちは、そのように見えてしまうだけなのです。

高い　↑　危険度　↓　低

〈年齢のギャップ〉
幼　小　中　高　大
※相手が幼いほど高い

〈社会的立場・状況のギャップ〉
・立場が高い　低い
・責任が重い　軽い
・場面圧が高い　低い
※プレッシャーが高いほど高い

〈コミュニケーション力のギャップ〉
・情熱（やる気）の差
・空気を読む力の差
・相手の気持ちを察する力
・メタ認知の力等
※困り感の高い子どもたちはすべて低い

「パニック（指導）」に陥る要素と危険度

子ども理解を進めることは、パニックにならないですむばかりでなく、子どもたちも自分自身も守ることができます。

パニック（指導）に陥る要素と危険度を表にまとめてみました。

こちらが大人ですから、相手の年齢が低いほどパニック（指導）の危険度が高まります。

つまり、幼稚園や保育園・こども園、小学校低学年の先生方の方が、危険度は高いのです。

この事例のように、明日明後日が雨、今日しか練習できない、というプレッシャーも危険度を高めます。

先生方の「良い運動会の演技にしたい、なんとかせねば」、という責任感や前向きな気持ちもプレッシャーとなり、危険度を高めます。

よく怒鳴る理不尽に思える上司も、本当は立場や責任が重く、心中では苦しんでいるのかもしれません。

一方、子どもたちの方はどうでしょうか？

自閉症スペクトラムの子どもたちの中には、その場の空気を読んだり相手の気持ちを理解することが難しかったりする子どももいます。

当然、未熟な子どもたちは、大人とのコミュニケーション力のギャップがありますから、教師の願いを十分に理解できないかもしれません。

このような、知見を使って自分の感情を客観的に観察します。

自分の頭の上、２m位の高さに、自分の視点を持っていき、「今イライラしてきてないか？」「顔が怒ってないか？」などと冷静に見つめましょう。

人に人は変えられませんから、この「メタ認知」の力を使って、自分を鍛え自分をコントロールする力を高めていきましょう。

笑育コラム

怒りの感情は「二次感情」

怒っている人を見かけたときに、あなたは、どのように声を掛けますか？通常は、「何があったの？」とか「どうしたの？」と声を掛けると思います。何もないのにずっと怒っている人は居ないと、我々は理解しているからです。

つまり「怒り」の感情は、「二次感情」であり、「怒り」の底には、恐れや悲しみ、期待や不安、焦りなどの「一次感情」が隠れています。

家庭で子どもたちが母親に叱られている時、たまたま掛かってきた電話が担任の先生だったらどうでしょう。

「これは、先生お世話になっております〜」と、お母さんのさっきまでの怒りはどこへやらで、丁寧に応対できる筈です。

つまり、我々人間は、「怒りの感情を捏造する」ことができます。

言い方を変えれば、作り出せるのなら、「怒りの感情」は、コントロール可能であるとも言えます。

色々と忙しくて、追い詰められていないか⁈

最近、イライラしていないか？

「メタ認知」の力を使って、冷静に自分の感情を見つめる練習をしましょう。

そして、自分の「二次感情」を上手くコントロールしていきましょう。

必ず上達していきます。

人は怒りの感情を捏造する

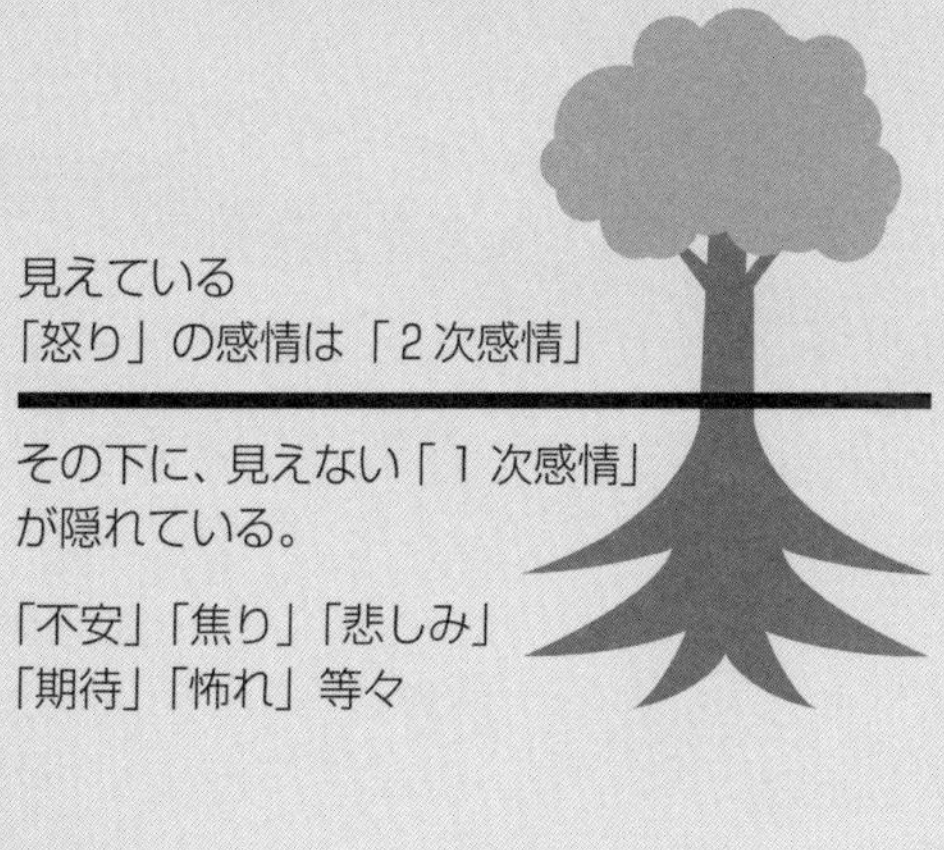
見えている
「怒り」の感情は「2次感情」

その下に、見えない「1次感情」

が隠れている。

「不安」「焦り」「悲しみ」

「期待」「怖れ」等々

終 章

「教育者」への道

子どもたちが言ったとおりに動いてくれません

Q.1　ある先生からのご質問です。「先生の言った通りにしましたが、子どもたちは思い通りに動いてくれません。どうしてでしょうか？」
　自分の考えを書きましょう。

☆自分の回答：

【Q.1　回答】

この質問をくれた先生は、とても正直だなぁと思います。

同じ言葉を使っても、同じ結果にはならないのです。

どうしてでしょうか?!

おかしい！　不合理だ！　と感じるかもしれませんが、それが人というものなのです。

言葉そのものには意味がなく、**「言葉の意味は誰が言ったのかにある」**とも言われます。

例えば、「がんばったね。」という言葉一つでも、いつも自分をサポートしてくれる親切な○○先生が言ったのか、普段から自分に皮肉ばかり言う△△先生が言ったのかで、同じことをしゃべっても伝わる内容が違う可能性があるのです。

つまり、日頃のやりとりの積み重ねが言動に意味を生むということです。

そうであれば、もう過去のことを悔やんでも仕方がありません。

一方、明日のことはどうなるかわかりません。

今日たった今から、子どもとのやり取りの中で、ストーリーをつくっていくのです。

今自分ができることを一生懸命にやることが、明日へつながっていきます。

職場でいじめられています

Q.2 ある先生からのご相談です。
「職場でいじめられています。心が折れそうです。」

どのように返答しますか、自分の考えを書きましょう。

☆自分の回答：

【Q.2　回答】

採用試験に現役で合格した卒業生の中にも、せっかく教師になる夢をかなえたというのに、1年も経たない内に退職するケースが稀にあります。

理由を尋ねてみると、子どもたちと上手くいかなかったとか、保護者と揉めてとかいうことはこれまで一つもありません。

初任者研修担当教師の指導と自分の考えが全く合わなかったとか、管理職との関係が上手くいかなかったとか、いずれも「職場の人間関係」が原因でした。

このような場合、周囲の同僚が悪いとか、本人の忍耐力がないからとか、どちらかに100％原因を押し付けようという気持ちはありません。

しかし、大切な自分の「キャリア形成」ですから、いくつかの点で考えておいてほしい点があります。

⑴　人生の舵を握るのは自分であること

誰かに何かを言われたり意地悪をされたり、理不尽な目に合うことは、（それが教育の場である学校園であることは残念なことではありますが）世の常、人の常です。

ある意味、人とはそういう弱いもので、それでもみんな健気に生きているのです。初任者に「君はこんなこともできないのか?!」というような言葉を浴びせる先輩や管理職は、概ね子どもたちにも同様のことをしてきています。

私は、そのような人たちのことを「教育関係者」ではあるが、**「教育者」ではない**と思っています。

そのような心ない人たちに自分の人生の「舵取りを任せる」ことだけは、避けてほしいと思うのです。

「自分の人生の舵は、自分で最後まで握る」本当の自己責任（≠自由）とは、そういうことだと思います。

(2)「時間」が助けてくれる

「いじめられています。」と相談に来た先生に尋ねました。

「後、何カ月だと思う?」

その先生は、急に明るい表情になり、

「後、4カ月です。」

と仰いました。

悩んでいる時は、その辛さや苦しさが心の中でぐるぐる回っているだけです。言われたこと、されたことに気持ちが執着してしまいそんな時、時間がそこ（過去）で止まっているかのような状態になります。

しかし、苦しいことも楽しいことも、どうがんばっても時間の流れに逆らうことはできず、永遠には続かないのです。

英語のプレゼントとは、贈り物の他に「現在」という意味もあります。

誰にでも与えられているプレゼントを無駄にしてはいけません。

必ず変わっていくことを意識して、悩んでばかりではなく、今できることに集中して「行動化」していきましょう。

(3)「はなす」こと

実は、相談に来て「話せたこと」が重要なのです。

誰か相談できる人に、「話す」ことはその悩みを「放す」ことになり、そのことでその悩みを自分から「離す」ことができるのです。

日本語ってやっぱりすごいと思います。

「悩み」は堂々巡りをしているだけで、思考している状態とは言えません。

誰かに話し、具体的な行動や解決策を考えることが本当に思考することです。

「愚痴を言ったらいけない」と真面目なことを言う人もいますが、人間ですから愚痴の一つも言うものです。

いけないのは、「愚痴ばかり言うこと」です。

この場合、100％嫌われますから気をつけましょう（笑）。

おわりに

ここまでいろいろな問いを立てて考えてきました。
いかがだったでしょうか。
いよいよこれが、最終の問いです。

Q. 教師という仕事を目指す人は、心のどこかに「自分は子どもたちを喜ばせて、幸せにできるのではないか」と思える人でしょう。
あなたのその「人を喜ばせよう」という気持ちはどこから来たのですか？

☆自分の回答&理由：

【Q. 回答】

「誰かを喜ばせよう」という気持ちは、実は「誰かに喜んでもらったから」こそ育ちます。それは、誰でしょう。

皆さんのご両親や祖父母など、皆さんの周りの人々は、「生まれた〜、良かったね」と喜び、「寝返りをうった」といって喜び、「ハイハイをした」と喜び、「つかまり立ちをした」と喜び、「歩いた」と喜び……

つまり皆さんは、周りの方々からたくさん喜んでもらってここまで育ってきたのです。物心つかない内から、「**自分はこの世に生まれて値打ちのある人間なんだ**」ということがしっかり入っているのです。

昨今では、虐待やネグレクトの問題がよく取り上げられていますが、この共感的な喜びを味わわせてもらうことなく、「愛着の形成」が不十分なまま育っている子どもたちがたくさんいるということです。

「愛着の形成」は、一生涯使う対人関係の基礎ですから、このような子どもたちは不安定な子どもたちであることは、想像できると思います。

そのような子どもたちが「大好きな先生」から、「良かったね」「成長したなぁ」と喜んでもらえたらどれ程、幸せでしょうか。
教育の仕事は、子どもたちの「自己肯定感」や「自己有用感」を育むことです。
それは、まさに「生きる力」の育成です。
子どもたちを幸せにし、「生きる力」を育むことが教師の仕事なのです。
子どもたちのために、これからもご一緒に頑晴っていきましょう。
最後まで、読んでくださってありがとうございました。

二〇一八年一月

関西国際大学　百瀬和夫

〈著者紹介〉

百瀬和夫（ももせ　かずお）

神戸市立小学校教諭として長年勤務し，管理職，教育委員会事務局主事などを経て，現在，関西国際大学教育学部准教授．

『笑育』をテーマに，特別支援教育や脳科学，心理学などの知見をいかした指導や支援について研究，啓発に努める．幼・保・小・中・特別支援学校から一般企業まで，年間の研修・講演回数は60回を超える．

著書に『笑育のすすめ～「笑顔」の力で教育が変わる～』（HS 出版，2018年）．

日本 LD 学会会員，日本教師教育学会会員．

笑育ドリル
――“育てる”をもっと楽しく・おもしろく――

2018年３月20日　初版第１刷発行　＊定価はカバーに表示してあります

著者の了解により検印省略

著　者　百瀬和夫©
発行者　植田　実
印刷者　田中雅博

発行所　株式会社　晃洋書房
〒615-0026　京都市右京区西院北矢掛町７番地
電話　075(312)0788番(代)
振替口座　01040-6-32280

装丁　クリエイティブ・コンセプト　印刷・製本　創栄図書印刷㈱
ISBN 978-4-7710-3020-6